高校辅导员素质能力提升研究

林文曼　柳善文◎著

吉林大学出版社

·长春·

图书在版编目（CIP）数据

高校辅导员素质能力提升研究 / 林文曼 , 柳善文著 . — 长春 : 吉林大学出版社 , 2024.4
ISBN 978-7-5768-2667-8

Ⅰ . ①高… Ⅱ . ①林… ②柳… Ⅲ . ①高等学校－辅导员－教师素质－能力培养－研究 Ⅳ . ① G645.16

中国国家版本馆 CIP 数据核字 (2023) 第 233353 号

书　　名　高校辅导员素质能力提升研究
　　　　　GAOXIAO FUDAOYUAN SUZHI NENGLI TISHENG YANJIU
作　　者　林文曼　柳善文　著
策划编辑　殷丽爽
责任编辑　殷丽爽
责任校对　赫瑶
装帧设计　守正文化
出版发行　吉林大学出版社
社　　址　长春市人民大街 4059 号
邮政编码　130021
发行电话　0431-89580036/58
网　　址　http://www.jlup.com.cn
电子邮箱　jldxcbs@sina.com
印　　刷　天津和萱印刷有限公司
开　　本　787mm×1092mm　1/16
印　　张　10.75
字　　数　160 千字
版　　次　2024 年 4 月　第 1 版
印　　次　2024 年 4 月　第 1 次
书　　号　ISBN 978-7-5768-2667-8
定　　价　72.00 元

目　录

导　论

实施高校思想政治工作质量提升工程、加强和改进大学生思想政治教育是一项重大政治任务和战略工程。辅导员作为大学生思想政治教育的骨干力量，是高校学生日常思想政治教育和管理工作的组织者、实施者、指导者。一直以来，高校辅导员队伍建设都是我国高校思想政治工作的重要组成部分。尤其自中共中央、国务院《关于进一步加强和改进大学生思想政治教育的意见》颁布实施以来，高校辅导员队伍建设取得长期发展，辅导员队伍整体素质和能力水平得到大幅提升。2014 年，教育部颁发《高等学校辅导员职业能力标准（暂行）》，正式启动了高校辅导员素质能力建设工程，为各部门、各高校推进辅导员队伍的素质能力建设提供了基本依据。2017 年，新修订的《普通高等学校辅导员队伍建设规定》根据新形势下高校思想政治工作的要求，从辅导员的主要工作职责和任职条件方面，对辅导员素质能力提出了新要求。辅导员素质能力水平的高低成为制约大学生日常思想政治教育成效的关键因素。在着力培养"德智体美劳全面发展"的社会主义建设者和接班人、着力培养担当民族复兴大任的时代新人的当下，增强大学生日常思想政治教育实效、研究辅导员素质能力，是顺应时代发展要求的现实课题，具有重要价值与意义。

一、问题的提出及研究意义

（一）问题的提出

开展辅导员素质能力研究，是基于新时代大学生思想政治教育的新使命、高等教育新的发展形势、增强辅导员社会认可度的迫切要求。

1. 担负新时代大学生思想政治教育新使命，需要强化辅导员素质能力

中国特色社会主义进入了新时代，是当前大学生思想政治教育面临的最大的时代主题。搞好大学生思想政治教育工作，提升大学生思想政治教育质量，需要高校辅导员紧扣时代主题，担负起新时代赋予大学生思想政治教育的新使命。

《高校思想政治工作质量提升工程实施纲要》提出的"着力培养德智体美劳全面发展的社会主义建设者和接班人，着力培养担当民族复兴大任的时代新人"

是高校思想政治工作的总目标，是新时代赋予大学生思想政治教育的新使命。加强和改善大学生思想政治教育，提升大学生思想政治教育质量，关键在于大学生思想政治教育工作队伍建设，关键在于全面提高大学生思想政治教育工作队伍的素质。党的十九大报告明确提出要"建设高素质专业化干部队伍"，要"注重培养专业能力、专业精神，增强干部队伍适应新时代中国特色社会主义发展要求的能力"。辅导员作为大学生思想政治教育的骨干力量，要适应新时代对大学生思想政治教育提出的高标准、新要求，要在培养社会主义建设者和接班人、培养担当民族复兴大任的时代新人中有所作为，这需要辅导员全面提升自身的培养能力，尤其需要提升其素质能力。适应新时代对大学生人才培养的要求，担负起新时代大学生思想政治教育工作的新使命。

2. 适应高等教育新发展，需要凸显辅导员素质能力

高等教育发展现状既为辅导员的成长创设了条件，也对辅导员的职业能力提出了新要求。在新的历史时期，我国高等教育的"双一流"建设战略和国际化发展标准，都对辅导员的素质能力提出了更高要求。

"双一流"建设是我们国家在新的历史时期，为建设教育强国，进而建设中国特色社会主义现代化强国而提出的高等教育发展战略，是新时代国家战略的重要举措。2015年国务院印发了《统筹推进世界一流大学和一流学科建设总体方案》，2017年1月25日教育部、财政部、国家发展改革委印发《统筹推进世界一流大学和一流学科建设实施办法（暂行）》，到2019年9月21日教育部、财政部、国家发展改革委正式印发《关于公布世界一流大学和一流学科建设高校及建设学科名单的通知》，"双一流"建设已进入实战状态。党的十九大报告再次强调，"加快一流大学和一流学科建设，实现高等教育内涵式发展"。"双一流"建设需要高校思想政治工作的有力支撑，同时它又对高校思想政治工作提出了新要求。"双一流"建设重在为国家战略服务，实现"四个服务"。为此，"双一流"建设除了要把加强党的建设和党的领导作为根本保证外，还要把思想政治工作作为大学育人的重要途径，把习近平新时代中国特色社会主义思想和社会主义核心价值观作为大学精神的思想土壤。辅导员要能顺应高等教育的发展，积极投身"双一流"建设，并为"双一流"建设酿造思想的沃土，这必然要求他们具备较强的育人能力，尤其需要他们具备较强的素质能力。

3. 增强辅导员社会认可度需要着眼其素质能力

长期以来，辅导员队伍建设都受到国家的高度重视。尤其是近十多年来，国家对辅导员队伍建设的重视程度之高、所采取的策略措施之多，达到了历史最高水平。当然，辅导员队伍的整体素质和工作能力也得到了明显增强，其社会地位也得到了一定的提升。然而，与国家所赋予辅导员的政治地位的高度相比，辅导

员的社会认可度却仍然不太高。在现实中，辅导员主要扮演着维稳者、辅助者的角色，仍主要忙于繁重的事务性工作，常常处于"学生无事时不需要、学生出事时极重要"的尴尬境地，甚至还有一些人认为辅导员岗位是人人都可以胜任的，其岗位从业者的可替代性极高。调查显示，当前的辅导员队伍职称普遍很低，工作归属感不强，社会认可度不高，队伍仍不稳定，一句"敬业的高校辅导员，如何更专业"的话透露出辅导员目前的艰辛与无奈。除此之外，辅导员忙于日常事务还是一件潜藏着"隐患"的事情，辅导员成天忙于事务性工作，很容易失去工作的方向和目标，离辅导员工作的初衷越来越远。当下，出现国家对辅导员队伍的高度重视与辅导员工作无力感之间的反差，值得反思。当然，造成这一反差的原因是多方面的，但毋庸置疑的是，辅导员的专业性不强是最突出的原因，而辅导员的专业性不强又是其素质能力不足的反映。

高校是研究高深学问的地方，专业性是高校的突出特点，某岗位的社会认可度主要体现在该岗位的劳动复杂程度和专业化程度上。众所周知，辅导员是相当忙碌的，也是相当敬业的，但只靠敬业并不能换来专业，只靠敬业也不能换来社会的认可。要改变辅导员队伍的现状，使其获得社会广泛认可，除了需要国家以政策的形式给予外在鼓励外，还需要辅导员着力不断提高自身素质。也就是说，增强辅导员的社会认可度，增强辅导员的不可替代性，改变辅导员队伍忙碌却没有专业地位、主观认识上重要但客观现实中不重要的现状，需要提升辅导员职业的专业性。怎样体现辅导员职业的专业性？这就要靠辅导员的素质能力。因为，辅导员的素质能力是辅导员职业界限、职责范围和职业内容的间接反映，是辅导员获得与其他专业型人员同等竞争机会的资本，是判定辅导员职业有无专业性和专业性程度高低的决定性因素，是实现辅导员成为专业型从业者的本质要求

4. 执行《能力标准》需要抓住辅导员核心职业能力

2014年，教育部颁发了《高等学校辅导员职业能力标准（暂行）》，对合格的高校辅导员的专业素质提出了基本要求，为辅导员队伍的素质能力建设提供了基本依据。履行辅导员职业使命，做一名合格的辅导员，所具备的素质能力应当是所有辅导员都必须具备的。若不具备该素质能力，辅导员就不能胜任其本职工作，就不够资格担任辅导员。抓住辅导员素质能力，可以让辅导员工作履行好我国辅导员制度的特殊使命，唤回辅导员工作的初心，守住辅导员工作之本。

（二）研究意义

辅导员素质能力事关新时代大学生思想政治教育的质量和水平，是辅导员职业使命的间接反映，是辅导员专业化建设的重要内容和突破口。开展辅导员素质能力研究，具有重要的理论意义和实践价值。

1. 理论意义

一是丰富辅导员队伍建设的理论研究。长期以来，人们在研究辅导员队伍高校辅导员素质能力研究专业化建设时，基本都是从辅导员的工作职责、辅导员的工作实务、辅导员队伍建设的体制机制、国外学生事务工作队伍建设借鉴等方面进行。也就是说，当前对辅导员队伍建设的研究主要是基于上级政策文件对辅导员的相关规定性的外在研究。专业化是辅导员职业发展的目标追求，是辅导员素质能力的一种状态。想要达成辅导员的专业化，需要为辅导员创设外在条件，但更需要辅导员具备专业化的工作能力和水平，因为外因只是条件保障，内因才是决定性因素。因此，辅导员队伍建设需要着力提升辅导员的素质能力。开展辅导员素质能力研究，为辅导员队伍建设另辟了一个途径，从忽视辅导员在队伍建设中的作用转向对辅导员主体作用的高度关注。开展辅导员核心职业能力研究，丰富了辅导员队伍建设的理论研究。

二是深化了辅导员素质能力的理论研究。本书基于我国辅导员制度的特殊性，通过系统分析总结出辅导员的素质能力，试图实现素质能力与辅导员职业使命、辅导员队伍建设、人才培养理念相契合，准确把握辅导员素质能力的实质。在此基础上，进一步进行辅导员素质能力内容构成和生成研究，从静态和动态两个维度建构辅导员素质能力。以上研究，在理论上推进了辅导员素质能力研究的深化。

2. 实践价值

一是致力于增强辅导员职业的社会认可度。对高校从业人员的认可，取决于该从业者在特定领域的专业水平。研究辅导员素质能力，其目的在于提升辅导员群体的素质能力，使其具备辅导员职业胜任力和竞争力，改变"经验型"的工作方式，实现辅导员工作的专业化和科学化，进而使其获得专业地位，增强辅导员工作的不可替代性，增强辅导员职业的社会认可度。

二是为制定辅导员职业标准提供一定的参考，为辅导员的准入、培养和评价提供参考依据。核心素质能力是对辅导员职业使命的"物化"诠释。凝练出辅导员素质能力，可以为我国进一步优化辅导员职业标准提供一定参考。研究辅导员核心素质能力，也可以为辅导员的选拔、培养培训和考核评价提供参考依据，为辅导员成长指明发展方向。

三是着力于推进辅导员队伍的专业化建设。辅导员队伍建设包括多方面的内容，比如辅导员制度建设、辅导员职能建设、辅导员的工作方法、辅导员实务、辅导员工作评价等。然而，素质能力才是辅导员素质的集中体现，是辅导员队伍建设的直接抓手。研究辅导员素质能力，旨在提高辅导员队伍的整体素质和水平，铸造优秀的辅导员队伍。辅导员素质能力建设的要求也是人们对辅导员职业

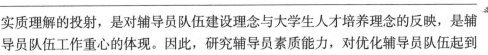

实质理解的投射，是对辅导员队伍建设理念与大学生人才培养理念的反映，是辅导员队伍工作重心的体现。因此，研究辅导员素质能力，对优化辅导员队伍起到理论指导作用。

二、文献综述

从现有相关文献来看，研究辅导员职业能力的构成、提升的成果比较丰富，这些相关文献大多集中于 2014 年颁发《高等学校辅导员职业能力标准（暂行）》以后，而针对辅导员素质能力进行研究的相关文献资料尚不多。现有的相关研究基本都杂糅于对辅导员素质能力的研究之中。现有文献主要包括以下方面。

（一）国内研究现状

国内现有研究主要涉及辅导员素质能力的构成、以及其素质能力的提升等方面的内容。这些研究基本都融合于辅导员职业能力的研究之中，具体研究现状如下。

1. 关于辅导员素质能力构成的相关研究

关于辅导员素质能力构成的研究主要集中在构成数量和构成内容实质这两方面，即研究探讨了辅导员素质能力究竟是由多少种职业能力构成，究竟是由什么性质的职业能力构成。

（1）关于辅导员核心素质能力数量的研究

从辅导员素质能力的构成数量来看，有单项辅导员素质能力说和多项辅导员素质能力说。

持单项说的研究者认为辅导员素质能力只有一项。翁铁慧提出，辅导员素质能力就是其进行日常思想政治教育的能力。刘金华则认为思想政治教育能力是辅导员素质能力，而郑柏松却认为思政引领力是辅导员素质能力。就目前的研究现状来看，持单项说者较少。

持多项说的研究者认为辅导员素质能力由多项职业能力构成。在辅导员素质能力构成数量的争论上，目前多项说占据主导地位。有研究者认为，辅导员素质能力包含"语言表达能力、文字写作能力、教学技能、品德修养感化能力、科学研究与创新能力等"，或者是"优秀的人格魅力、先进的教育理念、创新能力、持续的学习研究能力"，或者是"思想教育理论、心理咨询和学业指导技术、职业规划与就业指导能力、教育引导能力、调查研究能力"。苏文明从大学生的成长诉求的角度分析辅导员的职业路径，提出了辅导员素质能力的三维内隐结构，即专业素养（正向关注、服务意识、职业理念）、专业能力（问题解决、计划组织、沟通协调、创新实践、信息处理）和自我发展（学习能力、环境适应、情绪管理）。周涛提出了与职业发展不同阶段相匹配的辅导员素质能力，他的观点是基于辅导员职业从"职业化"到"专业化"再到"专家化"的三个发展阶段，与之对应的辅导员素质能力分别是"融合能力""钻研能力""引领能力"。李永山则以辅导员职业身份与工作职责的基本要求，以及职业角色的社会期待为依据，认为辅导员有9项素质能力，分别是思想教育与政治引导能力，教育活动的设计、实施与指导能力，学生学习与发展的深度辅导能力，法律、政策和制度的宣传、解释和贯彻执行能力，危机事件的预防、识别与应对处理能力，人际沟通、交流和说服的能力，组织、管理和领导的能力，教育教学与科学研究的能力，遵守职业伦理规范的能力。山东大学博士论文《高校辅导员核心能力建设问题研究》提出思想政治教育能力、学生发展指导能力是辅导员素质能力。黄晓波等研究者则从构建"扁平型"学生事务管理模式，以重构学生工作的12个专业化系统为前提，提出辅导员应当具备四种共性核心素质（思想政治素质、科学人文素质、身心健康素质和职业道德素质）、四大共性核心能力（思政教育能力、组织管理能力、沟通协调能力和学习创新能力），同时应当具有12个专业化系统中的某一项个性化素质能力，12个专业化系统分别是学生自觉道德培养服务系统、学生心理健康服务系统、学生困难资助服务系统、学生学习指导与生涯发展服务系统、学生就业创业指导服务系统、学生科技创新服务系统、学生司法事务服务系统、学生宿舍学习型社区服务系统、学生党团组织指导服务系统、学生社团指导服务系统、学生体育俱乐部服务系统、学生国防教育服务系统。不难看出，在上述观点中，大多数研究者所理解的辅导员素质能力基本囊括了涉及辅导员职业方方面面的职业能力。

（2）关于辅导员素质能力性质的研究

综观现有的相关研究文献，辅导员素质能力的各种构成成分的性质集中体现出通识性职业能力取向和专项性职业能力取向两种。

持通识性职业能力取向观点的研究者认为辅导员素质能力是由通识性职业能力构成的。正如前文所述，蒲清平提出的辅导员素质能力是语言表达能力、文字写作能力、教学技能、品德修养感化能力、科学研究与创新能力，韩冬提出的辅导员素质能力是优秀的人格魅力、先进的教育理念、创新能力、持续的学习研究能力，这些都属于通识性辅导员素质能力的认知取向。这种认知取向指导下的辅导员素质能力都有一个共同点，不管辅导员素质能力构成成分的具体内容是什么，从这些职业能力承担的职业任务来看，基本都是通用职业能力。研究者们之所以会认为辅导员素质能力是由通用职业能力构成，与他们直接移植职业教育界中的"关键能力""核心能力"不无关系。持专项性职业能力取向观点的研究者认为辅导员素质能力是由专项性职业能力构成的。刘颖提出，辅导员素质能力是开展主题班会、谈心谈话、应对危机事件。张莉认为辅导员素质能力是思想教育

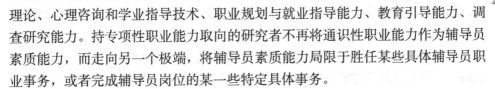

理论、心理咨询和学业指导技术、职业规划与就业指导能力、教育引导能力、调查研究能力。持专项性职业能力取向的研究者不再将通识性职业能力作为辅导员素质能力，而走向另一个极端，将辅导员素质能力局限于胜任某些具体辅导员职业事务，或者完成辅导员岗位的某一些特定具体事务。

2.关于辅导员素质能力提升的相关研究

关于辅导员素质能力提升方面的研究目前不是很多。《学生工作专业化系统与辅导员核心能力构建》一书针对12个专业化系统的个性化核心能力构建进行了一一探讨。何萌撰写的博士论文《高校辅导员核心能力建设问题研究》中涉及辅导员素质能力提升的规律、原则和途径。何萌认为，辅导员素质能力的提升要遵循"把握主观思想与客观规律的关系进行自觉提升、把握激励与惩处的关系进行保障提升、把握信念树立与制度约束的关系进行引导提升"的规律，坚持实践第一、以人为本、整体推进、可持续发展的提升原则，采取个人践行、研修深造、组织培训、团体训练、环境熏陶、平台搭建的提升路径。

除此之外，有为数不多的研究者对辅导员素质能力培养进行了讨论，为开展辅导员素质职业能力提升研究提供了启发。综观辅导员素质能力培养措施的现有研究，研究者们主要从辅导员的培训、考核、选聘、激励机制、管理机制等方面提出了培养策略。比如，有研究者提出，要针对辅导员职业化的初始期、成长期和成熟期三个不同发展阶段的特点，进行分阶段的职业能力开发。有研究者特别注意到专业知识在辅导员素质能力发展中的基础作用，提出通过从零散型的岗位培训走向系统化的专业学位课程教育、辅导员知识体系中隐性知识的分享和隐性知识向显性知识的转化来构建辅导员的知识基础，以此促进其职业能力培养。

就目前有关辅导员素质能力提升的相关研究来看，还需要进一步凸显提升策略的针对性。

（二）国外研究现状

辅导员制度是我国特有的学生管理制度，也是我们开展大学生思想政治教育的一个独特优势，目前国外还没有辅导员素质能力相关问题的研究。但是，国外在高校学生工作方面的研究均比较成熟，可以在中外对比中为我国辅导员素质能力研究提供借鉴。

1.关于素质能力的研究

有关素质能力的研究发端于职业教育界，由于英国和德国的职业教育最具典型性，因此，本书梳理了英国和德国有关职业素质能力的研究成果。

第一，英国关于职业素质能力的研究，主要集中在职业素质能力的内涵探讨和实践探索两方面。

对职业素质能力内涵的理解。早期，由英国教育技能部、学习与技能委员会、资格与课程委员会共同出版发行的《关于英国素质技能政策与实践的问题解答》对职业素质能力做出界定，认为素质技能是一系列有助于个体在教育、工作、终身学习和个人发展方面取得成功的基本的具有普遍性的技能。学者 Dave Turner 对素质能力的理解与之如出一辙，他在《英国可适用性能力发展》一文中认为素质能力是一种具有广泛适用性的能力。Andy Green 拓展了素质能力的概念，将素质能力与大众文化相结合，因此他在《关于核心技能、关键技能与大众文化在职业教育中的共同基础的探讨》一文中将素质技能界定为普遍提高大众文化修养所应具备的一种能力。

对职业素质能力的相关实践探索。整体而言，英国的职业教育是发达的，对素质能力的培养高度重视，他们通过制定政策、颁布法案，在实践中落实对素质能力的要求，形成了一套比较完善的素质能力培训认证体系。从 20 世纪 80 年代起，英国就有比较成熟的素质能力的培训和认证，在国家职业资格证书体系中实施"与人交流、信息处理、数学应用、与人合作、解决问题、自我提高"六项素质能力的培训和认证。1990 年英国国家课程委员会颁布《十六岁至十九岁素质技能》报告，将素质能力列入所有 16 至 19 岁学生的课程学习之中，使素质能力的培养规范化、制度化。同时，英国国家职业资格委员会下发《共同学习成果：国家职业资格与高级和高级补充水平中的素质技能》文件，实现与资格证书的对接，有力地促进了素质能力的培养和落实。由英国教育和技能部、学习和技能委员会、资格与课程署联合出版发行的《关于素质技能政策与实践的国家指导》对英国职业素质能力培养政策、相关法规、开发实践、评估体系、课程设置等做了详细介绍和说明。如今，英国形成了国家职业资格证书体系、通用资格证书体系和素质能力体系，不仅为其落实职业素质能力提供了保障，也促进了职业素质能力的发展。

第二，德国关于职业素质能力的研究。德国将职业素质能力称作"关键能力"。研究者们不断推进对关键能力的研究，使德国关于职业素质能力的理解异常深刻。不断加速的技术进步使得劳动者的知识技能老化速度加快，这一方面要求劳动者具备一定的知识和技能，使之能在不同行业之间进行流动并快速适应新行业；另一方面加剧了社会对劳动力需求与教育对劳动力培养之间的不协调，由此"关键能力"就在对一种相对来说不是特别容易被淘汰的职业能力的呼吁下产生了。

"关键能力"概念在德国最早是由社会教育学家梅腾斯于 1974 年提出的。他将关键能力定义为"是那些与一定的专业实际技能不直接相关的知识、能力和技能，它更是在各种不同场合和职责情况下做出判断选择的能力；胜任人生生涯中不可预见各种变化的能力"。

关键能力理论经过雷茨和劳尔 - 恩斯特的发展，逐渐避免了其过于抽象的缺陷，而使其在职业教育实践中拥有了实际的内容。雷茨认为，关键能力理论的中心是人的行动能力，人的行动能力由三方面内容组成，分别是做事能力和智力成熟度、社会能力和社会成熟度、个性能力和道德成熟度。关键能力通过个体与外界环境进行互动而获得。劳尔 - 恩斯特特别重视职业行动能力。他认为，职业行动能力就是解决典型的职业问题和应对典型的职业情境，并能够综合应用有关的知识技能和能力。劳尔 - 恩斯将职业行动能力作为职业教育的目标，即通过职业教育获取跨专业的能力。正是基于此，关键能力在德国逐渐发展为职业行动能力。综合英国和德国的理解，职业素质能力是指那些处于最底层、最具迁移性的职业能力，这是从一个人适应不断变化的劳动岗位的角度对职业素质能力的理解。能否将职业教育界所理解的职业素质能力移植到辅导员素质能力中，有赖于在比较二者之间的本质异同的基础上做出抉择。如若辅导员素质能力与职业教育界的职业素质能力的本质属性是相同的，那么参照职业素质能力提出对辅导员素质能力的理解是可行的。如若二者之间有本质差异，则直接移植职业素质能力于辅导员素质能力就有失妥当。

2. 关于高校学生事务工作的研究

辅导员是我国对学生工作者的专用称谓，国外一般称为学生事务工作者（counselor），其工作职责、工作任务和职业源起与国内都有明显不同。境外高校的学生事务管理组织有内部事务型和外部事务型两种组织模式。采用内部学生事务管理组织模式的以美国、英国、澳大利、加拿大，以及我国的港澳台地区的高校为代表。采用外部学生事务管理组织模式的以德国、法国的高校为代表。前一种组织模式的高校将学生事务工作视为高等教育过程中的重要组成部分，学校承担全部或大部分学生非学术活动或课外活动的管理职能。从这一点来看，与我国高校有着相似之处。在此，以美国高校学生事务工作为代表，通过梳理美国学生事务工作的发展史来分析其学生事务工作者的素质能力。

美国高等教育早期并没有专职的从事学生事务的人员队伍，高校学生事务和学术事务合二为一。1862 年美国《莫里尔法案》颁布生效后，美国高等教育从精英教育转向大众化教育，学生规模急剧扩张，学生来源极为复杂，学生需求也变得多样，美国高校的学生事务作为一种职业开始发展起来，学生事务管理也完成了由教师或其他兼管人员向专职人员的过渡。与此同时，美国现代大学制度的发展也加速了其学生事务工作专业化的进程。19 世纪下半叶，美国高校开始向现代化研究型大学转变，对科研的重视和学术导向使教师无暇顾及与研究工作不相关的事情，催生了学生事务人员。随着心理学的迅猛发展，心理测验逐步成为美国学生事务管理工作的主要工具，使学生事务管理走上了越来越专业的发展道路，随之而来的是美国学生事务工作者专业化学习系统的建立。1964年，美国学生人事协会颁布了《高等教育学生人事工作者硕士培养指导大纲》，至此，美国高校学生事务人员的培养进一步规范化、制度化，走上了专业化发展之路。20世纪60年代，学生发展理论最终形成，成为美国高校学生事务专业化的理论支撑，使美国学生事务工作队伍专业化趋于成熟，"学生事务岗位被越来越少的'外行人'所占据"。

美国高校的学生事务管理从萌芽、产生、发展、成熟到走上专业化发展之路，从"替代父母制"的简单管理到"学生发展"的专业化研究，我们可以感受到美国对学生事务工作者工作能力的要求。1986年，美国学生服务与发展项目促进委员会制定了学生事务职业标准，内容包括"职业责任和职业能力""以关注学生的学习和发展为主要目的""对学校的责任""对社会的责任"。美国高校学生事务工作者有具体的角色定位，比如心理咨询师、职业指导师、社会化辅导师、日常事务管理师、学生服务师等。也有人将美国学生事务管理者定位为"在实现高校学术目标过程中起重要作用的教育者，以愿景引领学生事务实践的领导者、组织和协调学生事务项目及服务的管理者"，他们是提高学生学习积极性的引领者。美国大学人事协会和全国学生人事管理者协会于2010年联合发布了《学生事务从业者专业胜任力范围》，该文件共列出了10项胜任力主题范畴，分别是咨询和帮助，评估、鉴定和研究，公平、多样性和包容，合乎道德的专业实践，历史、哲学和价值观，人力和组织资源，法律、政策和管理，领导力，个人基础，学生学习和发展。近些年来，美国不再满足于制定、颁布学生事务工作者的职业能力标准，而是开始加大对学生事务工作者的研究力度，并将研究汇集到学生事务工作者对自身职业能力的认识、评估以及获取职业能力的方法等方面。总体而言，美国学生事务工作者以其规范性、专业性而承担着自己工作的职责、使命，为学生事务工作队伍专业化建设提供了可供参考的实践经验。

美国学生事务工作队伍与我国辅导员队伍的职业起源和职责分工有着明显的差异，但美国学生事务工作队伍的专业化建设、其对从业人员应当具备的职业能力的专业化训练、其对从业人员的职业能力标准的探索，都显示出立足职业使命要求从而对从业者职业能力建设提出的要求，对我国辅导员素质能力建设具有一定借鉴意义。

（三）研究现状述评

综上所述，目前学界已开始关注辅导员素质能力方面的问题，这为进一步研究辅导员素质能力奠定了基础，提供了分析思路，但还存在进一步发展的空间。

1.研究取得的成绩

一是对辅导员素质能力的构成形成了较为丰富的理论成果。不管是单项说的辅导员素质能力还是多项说的辅导员素质能力，也不管是通识性职业能力取向的辅导员素质能力还是专项性取向的辅导员素质能力，都为研究者进一步探寻辅导员素质能力奠定了基础。

二是对辅导员素质能力提升有了初步探究。有关辅导员素质能力的建构、提升的策略和路径等方面的研究，为后续研究辅导员素质能力提升提供了借鉴。

2. 研究存在的不足

一是辅导员素质能力研究的逻辑基点还不够清晰、明确。逻辑基点直接决定研究的根基和方向，也直接影响着研究者对辅导员素质能力的内涵理解和对究竟什么能力是辅导员素质能力的判断。当前对辅导员素质能力的理解出现如此之大的偏差，与研究者研究该问题时所持的逻辑基点模糊不无关系。理解辅导员素质的内涵，对什么能力是辅导员素质能力做出判定，不能没有基本依据而左右游离，而必须立足于我国辅导员制度的独特实践。辅导员是大学生思想政治教育的骨干力量，研究辅导员素质能力就要立足于我国辅导员制度的校院两级管理模式，就要立足于对辅导员是学生"成长成才的人生导师和健康生活的知心朋友"的角色定位，就要立足于以对学生的思想政治教育和价值引领等作为辅导员主要工作职责的职业定位。只有清晰明确并牢牢把握住其背后隐藏的研究基点，对辅导员素质能力的理解才会愈发接近其本身。

二是对辅导员素质能力的判定还有待进一步论证。目前，人们对什么能力是辅导员素质能力的判定基本都源自研究者的直接枚举，有简单罗列辅导员素质能力之嫌。研究者做出什么能力是辅导员素质能力的判定，需要有充分的依据支撑，应当立足于相关政策、理论、实践和现实的综合分析。辅导员素质能力应当是辅导员职业能力体系中位居重要地位的职业能力，应当是胜任辅导员职业与胜任其他相近职业有明显区分度的职业能力，应当是履行辅导员首要岗位职责任务所需要具备的职业能力，应当是树立辅导员职业的专业地位、凸显辅导员专业化的关键职业能力。因此，研究者对辅导员核心职业能力的判定需要进行比较全面的逻辑论证分析，而不能简单罗列。

三是对辅导员素质能力的内容构成研究还不够深入。当前的研究基本都止步于罗列出辅导员的素质能力是哪些职业能力，而未对该素质职业能力做出更深入的剖析。只有深入剖析辅导员素质能力的构成内容，才能为辅导员的队伍建设、辅导员的选聘、辅导员的发展、辅导员的培养、辅导员的考核等提供基本依据和参照标准。

四是辅导员素质能力的提升研究还有待进一步聚焦。虽然辅导员素质能力的提升离不开培训、制度、管理、评估等多方面的协同作用，但其针对性还略显不够，其实效性还有待增强。要增强辅导员素质能力提升的实效性，就得把握辅导员素质能力的生成状况。只有弄清辅导员素质能力的内在生成机理，所提出的提升路径才能力避隔靴搔痒。

3. 本书拟研究的主要问题

一是判定辅导员素质能力。正确判定辅导员素质能力是研究的关键。本书欲采用系统分析、历史考察、个案研究等方法，从理论、政策、实践和现实等多方面寻找依据，对究竟什么能力是辅导员素质能力做出判定。

二是剖析辅导员素质能力的内容体系。深入分析辅导员素质能力的内容构成是研究的难点。从静态角度分析辅导员素质能力的构成内容以及这些内容之间的逻辑关系，建构辅导员素质能力的内容体系。

三是探索辅导员素质能力的生成。探索辅导员素质能力的生成是研究的拓展。从动态角度分析辅导员素质能力从无到有的生成，可以揭示辅导员素质能力内在生成机理。

四是探讨辅导员素质能力的提升。提升辅导员素质能力是研究的落脚点。基于辅导员素质能力的生成，从原则、条件和路径探讨辅导员素质能力的提升。

三、研究方法

本书以唯物辩证法为指导思想，运用文献研究法、系统分析法、理论研究与实践研究相结合的方法开展研究。

（一）文献研究法

利用文件资料、图书期刊等文献资源和网络数据库平台，尽可能地了解与辅导员素质能力相关的研究成果。通过分析文献，尤其是有关辅导员职业能力、辅导员专业化、辅导员职业化、大学生日常思想政治教育、胜任力等方面的研究成果和高校思想政治工作、辅导员工作的相关的政策文件，提炼与辅导员素质能力相关的研究素材，同时为本书提供理论参考和分析思路，在借鉴的基础上寻找研究突破点。

（二）系统分析法

系统分析方法是本书研究的基本方法。本书的系统分析方法体现在三个方面：一是全书的论述都将立足于具有我国特色的辅导员工作实践这一大系统之中；二是从辅导员素质能力内容构成、生成和提升三个方面的研究构成辅导员素质能力研究的大系统；三是辅导员素质能力的内容构成研究，遵循系统分析方法建构素质能力体系。

（三）理论研究与实践研究相结合的方法

本书的研究将遵循理论与实践相结合的方法。一方面，辅导员素质能力的内容构成和生成的研究，都是基于辅导员工作实践的理论研究。同时，把理论研究运用于指导实践，落脚于提升辅导员的素质能力。另一方面，研究辅导员素质能力的初衷源于辅导员工作的实践需要，最终又回归于在实践中提升素质能力，但仍然离不开相应的理论支撑，这使本书的研究兼具理论深度和实践价值。

第一章 高校辅导员素质能力的应然范式

一、高校辅导员素质能力的基本内涵

高校辅导员是高校师资队伍建设的重要部分，肩负着大学生思想政治教育和学生管理工作的重要职责，提高高校辅导员素质能力是有效深化大学生思想内涵和科学规范学生行为方式的重要手段。为深入贯彻落实全国高校思想政治工作会议精神和《中共中央国务院关于加强和改进新形势下高校思想政治工作的意见》，进一步加强高等学校辅导员队伍专业化、职业化建设，教育部颁布43号令，制定了关于辅导员队伍建设的专门性和指导性文件，即《普通高等学校辅导员队伍建设规定》。高校辅导员具有教师和管理人员双重身份，因此，高校要把辅导员队伍建设作为教师队伍和管理队伍建设的重内容，整体规划，统筹安排，着重辅导员队伍的专业化职业化建设，确保辅导员工作有条件、干事有平台、待遇有保障、发展有空间。

林强与李航（2016）提出高校辅导员是指导学生思想发展和监管学生行为方式的直接责任人，其素质能力高低直接影响着学生的思想发展。加强高校辅导员素质能力建设，培养出高素质、高能力的辅导员是近年来高校工作的重点内容，实现以专业化和职业化的辅导员保障学生思想行为的规范发展。他们通过对福建省各高校辅导员的实际情况调查了解到高素质能力的辅导员需要具备要较强的组织能力，适时组织学生参加校园文化活动和社会实践活动等；高素质能力的辅导员也需要具备较强的用人能力，辅导员需要深入到学生中去，去发现学生的特长，并按照学生能力水平科学分配任务和委以重任；高素质能力的辅导员还需要具备较强的危机干预能力，能根据掌握的信息对危机事件进行分类分级；能准确分析事态起因，牢牢把握发展趋势，摸清事态的症结，协调校内外相关部门制定对策并迅速妥善处理，恢复正常。高素质能力的辅导员能及时洞察和发现问题，通过与学生的相处和沟通，激发发现学生的行为异常，及时关注学生的心理动态变化，科学指导，有效调节和改善学生的心理问题，在平时的学生管理中，加强心理健康教育，科学引导学生身心的发展；高素质能力的辅导员能够根据学生的性格特点灵活调整管理方式，用专业的意见指导学生的思想发展，有效规范学生的行为方式，使学生严格遵守学校的规章制度，并在潜移默化中用自身的人格魅力驱动学生思想意识的提升。

当前，新时期高校辅导员的管理对象是性格各异的学生，要做到有效规范和科学管理，高校辅导员需要准确把握素质能力的具体内容，并严格按照《高等学校辅导员职业能力标准》强化自身能力建设。

郑婷婷（2021）从过往的辅导员素质能力大赛中得出职业化的辅导员素质能力主要包括基础知识、案例分析、谈心谈话和理论宣讲（2020年国赛取消理论宣讲环节）四个方面的能力。她认为全国优秀高校辅导员年度人物是目前评选该队伍先进榜样的最高奖项，获奖及提名者代表的是专家化辅导员，从评选条件来看，专家化辅导员的素质要求主要包括政治信念坚定、师德师风优良、素质能力过硬、育人实效突出、勇敢担当作为。

她还对新形势下高职院校辅导员素质能力的要素进行分析。高职院校辅导员的工作内容和素质能力要求与普通本科院校辅导员之间既有共性，也有新形势下高职院校的独特性。共性方面：一是高校辅导员素质能力是政治素养、职业技能等要素的集合，具有综合性；二是区分性，高校辅导员素质能力是评价普通辅导员、优秀辅导员、专家辅导员的重要标准，具有区分性；三是高校辅导员素质能力是不断变化的，一方面根据所参与工作的要求变化，另一方面在学习、实践和研究中素质能力不断提升的变化，因此具有动态性。她提出职业守则是素质能力的本质要求，职业态度是素质能力的前提要素，职业知识是素质能力的核心基础，职业能力是素质能力的发展动能。

孔祥慧（2016）提出在教育改革的浪潮中，高校辅导员不仅是大学生日常事务的管理者和服务者，而且还是高校大学生思想政治工作的基层负责人。为此，在新视野下，深刻认识高校辅导员素质的基本内涵及其对于教育改革的重要性，进一步明确高校辅导员素质面临的各种挑战，探讨有效提升高校辅导员素质的综合途径，将具有重要的理论价值和实践意义。她认为高校辅导员素质，就是以辅导员与生俱来的生理特点为基础，通过后天的学习和工作等社会实践活动逐步形成和完善的基本品质。高校辅导员的素质，必须通过后天不断的学习并加以提高，才能形成更为恒定的素质，进而服务于大学生，为学校和社会培养出素质全面的人才。当前，高校辅导员应具备的基本素质主要包括思想素质、知识素质、能力素质。思想素质起先导性作用，决定了辅导员工作的大方向；知识素质决定了辅导员工作的深度，是其素质结构的主体支撑；能力素质则直接决定辅导员工作的效率和效用性。三者有机结合、互相作用，共同构成辅导员素质的综合结构。

许佳跃（2022）将高校辅导员素质能力解构为精神信念、职业技能与个人素质3个维度和政治思想信仰、敬业奉献精神、教育教学水平、理论探索交流、日常事务处理、特色工作模式、个人基础能力 7 个范畴。其中，精神信念维度下包含政治思想信仰与敬业奉献精神两个范畴，职业技能维度包含的范畴较为广泛主要涵盖教育教学水平、理论探索交流、日常事务处理、特色工作模式等。

2018 年，全国高校辅导员职业能力大赛这一辅导员职业技能类最高规格赛事首次更名为辅导员素质能力大赛，标志着其与以往相比更加注重考察辅导员对思想政治理论、国家大政方针、基本职业技能等方面全方位、深层次的综合把握程度。近年来，国家日益重视对高校辅导员综合素质能力培养，对辅导员职业素质能力提出了更高层次要求，在学术领域相应出现了一些研究辅导员素质能力的文献。如陈华和江鸿（2013）波认为高校辅导员素质能力考察内容围绕知识、能力、素质可分为定性考察与定量考察两种途径。何照清和李风啸（2020）、艾楚君和陈佳（2020）认为需要在把握内生动力的基础上切实提升高校辅导员的职业自信、理论素养、职业道德与职业技能。

李佳熙（2021）认为高校辅导员素质能力应包含思想引领、坚定信念、循循善"导"、细微卓著、用情动人、以身作则、创新思路、持之以恒、平台构建九个方面。邓雪（2015）认为创业型大学视角下辅导员应具备的素质包含强有力的引领学生能力、更宽的边际发展能力、多元化的经费筹集能力、活跃的学术能力、创新文化能力。

罗维婷（2021）提出高校辅导员的素质能力主要包括四项基本素质和五项基本能力。四项基本素质分别是：思想政治素养、职业道德素养、业务知识素养和信息素养。其中，最为重要的是思想政治素养，其是高校辅导员开展工作的基础和前提，对辅导员的工作起着导向作用。业务知识素养是反映辅导员的工作能力和水平的素养，主要包含辅导员自身的专业素养和技能。职业道德素养在很大程度上反映了辅导员的道德水平。信息素养是信息时代每个人必备的素养，其对辅导员的综合素养和专业能力提出了新的要求，且对于帮助辅导员更好地开展工作意义重大。五项基本能力分别是：创新能力、执行能力、学习能力、表达能力、拒腐防变能力。

谢妮认为应该将辅导员打造成具有"五育"和"五力"的全能型高校思想政治辅导员。"五育"包括"育人"帮助学生树立理想、信念；"育心"通过心理支持帮助学生形成良好的心理；"育德"通过行为规范教育和感恩诚信教育培养学生拥有高尚的品德和感恩诚信意识；"育志"通过爱国主义教育和资助帮扶帮助学生提高学生的爱国情怀和自我认同感；"育身"通过摘要：在学生的思想政治教育、素质能力提升、专业能力培养，人际关系能力加强、生活适应能力提高等教育中，辅导员都是主要的参与者和骨干力量。"五力"分别是提高辅导员的指导能力、组织能力、创新能力、职业教育能力、教学科研能力，为学生管理注入更有力的支持。

笔者认为理解辅导员素质能力，要将之置于辅导员职业能力体系之中，方能更准确地予以把握。在建构辅导员素质能力体系之前，我们首先要弄清辅导员职业能力的概念。辅导员素质能力是职业能力概念的推演。作为职业能力的一种特殊形式，辅导员素质能力在一般意义上都具有职业能力的上述特点，同时它又体现出履行辅导员职业使命的特殊要求。很多研究者都对辅导员职业能力概念进行了探讨，虽然研究者对其内涵表述各异，但在实质内容上并无根本差别。本文借用吉林大学李忠军教授对辅导员职业能力的理解，他认为："高校辅导员职业能力是高校辅导员履行高校学生工作职责、做好大学生思想政治教育工作所应具备的专业知识和专业技能的统称"。

完成辅导员职业使命的诸多职业能力就构成了辅导员素质能力体系。探究辅导员素质能力体系，不仅能让我们明晰辅导员职业能力的具体构成内容，还能清晰反映各项职业能力之间的关系。综观现有的辅导员职业能力的构成，受国家职业能力划分标准影响，研究者们大多将辅导员职业能力划分为行业通用能力、岗位特定能力和职业核心能力三大组成部分。但是，即使是相同的辅导员职业能力结构模型，研究者却对辅导员素质能力持截然不同的理解。为此，重构辅导员素质能力结构模型至少需要解决以下几个问题，即如何建构辅导员素质能力体系，辅导员素质能力体系由哪些能力构成，其各项能力之间的关系如何。

其一，建构辅导员素质能力体系的前提条件分析。如何建构辅导员素质能力体系，或者说建构一个怎样的辅导员素质能力体系，离不开一些前提条件，这是建构辅导员素质能力体系的基础。探究辅导员素质能力体系，要回归至辅导员职业任务的履行。所以，建构辅导员素质能力体系要以明晰辅导员职业任务为前提。本书研究的是一线专职辅导员的素质能力。新修订的《普通高等学校辅导员队伍建设规定》中明确指出，"专职辅导员是指在院（系）专职从事大学生日常思想政治教育工作的人员"。本书中，"辅导员"是一个特指人群。从工作对象来看，本书中的"辅导员"是指狭义上的大学生辅导员，不包含研究生辅导员；是在院（系）的专职辅导员，不包含学校党政干部和共青团干部；是在院（系）直接面对学生的专职辅导员，不包含院（系）党委（党总支）副书记，因后者主要是统筹领导和管理院（系）学生工作，基本不直接面对学生；是专职辅导员，不涉及兼职辅导员。从工作场域来看，本书中的"辅导员"是学院制的辅导员，不是书院制的辅导员，也不是学生工作专业化系统制下的专项工作辅导员。也就是说，本书中的"辅导员"是个人包保制模式下的辅导员，即辅导员以院（系）行政班级为基本的工作场域和工作对象，独立地全面开展大学生日常思想政治教育。辅导员除了具备基本的通用职业能力外，还应当具备专业职业能力。辅导员在完成众多的职业任务工作中，应当抓住关键的辅导员职业任务。辅导员专业化队伍建设目标要求辅导员除了全面负责学生的日常思想政治教育外，还需具备专项发展职业能力。所以，辅导员专业职业能力是包含了核心职业能力和专项发展职业能力两部分。

其二，辅导员素质能力体系的内容。从上文分析已得知，辅导员素质能力体系由通用职业能力和专业职业能力构成，其中专业职业能力又包括专项发展职业能力。通用职业能力是辅导员应该具备的、最起码但又是基本性的职业能力。辅导员的通用职业能力没有明显的辅导员工作、思想政治教育的职业指向性，但它又是辅导员其他职业能力得以施展的前提和基础。通用职业能力包括组织管理能力、协调能力、表达能力、创新能力、调查研究能力等。专项发展职业能力是辅导员完成某一辅导员专项工作所需要具备的职业能力，属于专业职业能力，它主要包括诸如学业指导能力、职业规划与就业指导能力、心理健康咨询教育能力、危机事件应对能力等。

其三，辅导员素质能力体系的结构。组成辅导员素质能力的通用职业能力、专项发展职业能力，各自所针对的职业任务是不相同的。通用职业能力是完成辅导员职业任务所需的最基本的职业能力，也是完成其他相近职业任务需要具备的职业能力，它是辅导员素质能力的基础。专项发展职业能力是辅导员完成某一具体的辅导员专项工作而应具备的职业能力。辅导员的职业专项发展目标不同，需要培养的专项职业能力就不同。

二、高校辅导员素质能力的重要价值

在教育改革的浪潮中，高校辅导员不仅是大学生日常事务的管理者和服务者，而且还是高校大学生思想政治工作的基层负责人。为此，在新视野下，深刻认识高校辅导员素质的基本内涵及其对于教育改革的重要性，进一步明确高校辅导员素质面临的各种挑战，探讨有效提升高校辅导员素质的综合途径，将具有重要的理论价值和实践意义。而辅导员素质能力是促进人的职业发展的重要因素。教育部发布《能力标准》，其目的在于进一步增强辅导员职业的社会认同，进一步强化辅导员队伍建设的政策导向，进一步充实、丰富辅导员工作的专业内涵，进一步规范辅导员的工作范畴，对辅导员职业建设的诸多方面都起着重要作用。辅导员素质能力对于履行辅导员职业使命、提升辅导员队伍整体素质、增强辅导员的工作实效等都有着重要意义。

（一）有助于落实立德树人根本任务

党和政府一直都非常重视大学生思想政治教育与高校辅导员工作，尤其是党的十八大以来，以习近平同志为核心的党中央更是把思想政治教育工作放在了极其重要的位置。2014 年，教育部印发《高等学校辅导员职业能力标准（暂行）》，推动高校辅导员队伍专业化、职业化发展。2016 年全国高校思想政治工作会议召开，会议强调要坚持把立德树人作为中心环节，把思想政治工作贯穿教育教学全过程，实现全程育人、全方位育人。2017 年《普通高等学校辅导员队伍建设规定》颁布实施，要求辅导员履行九项工作职责，提高自身职业能力，成为学生成长成才的人生导师和健康生活的知心朋友。2017 年 12 月，《高校思想政治工作质量提升工程实施纲要》印发，"十大"育人体系进一步细化了辅导员的工作职责。2018 年 9 月，全国教育大会在京召开，9 个"坚持"和 6 个"下功夫"对辅导员的职业价值观塑造提出了新的要求。培育正确科学的职业价值观，是全面贯彻党的教育方针的重要条件，也是落实立德树人根本任务的必然要求。

（二）有助于促进辅导员队伍可持续发展

习近平总书记指出，对于一个民族、一个国家来说，最持久、最深层的力量是全社会共同认可的核心价值观。首先，对于辅导员队伍而言，群体共同认可的、科学的、正确的价值观是保证辅导员队伍源源不断、后继有人的必然需求，这也是辅导员长期承受重复性、高压性工作之下仍然保持职业初心最持久、最深层的力量来源。其次，职业价值观的涵养能促进辅导员找到职业认同感，赋予辅导员职业神圣感和使命感，发自内心地在学生工作岗位追求幸福，体会到这份职业带给自己的精神追求，从而在职业中体会到生命的价值和尊严。再次，随着市场经济发展的不断深入，高校辅导员的价值取向逐渐体现出多元化、趋利化的特点，辛勤奉献、敬业爱生的职业价值观，有助于坚定辅导员的职业信念和职业信仰，从而促进辅导员队伍的可持续发展。

（三）有助于引领大学生全面发展

教育是"国之大计，党之大计"。高校立身之本在于立德树人，人的全面发展理论是辅导员职业价值观的理论核心。只有真正理解辅导员工作"围绕学生、关照学生、服务学生"的工作要求，把自身的职业道德、职业品质、职业追求内化于心，外化于行，与培养学生紧密结合在一起，才可以实现大学生的全面发展。首先，"什么样的辅导员，就会培养出什么样的学生"，为人师表是辅导员职业价值观的基本要求，辅导员要以身示范，用自己的人格魅力去影响学生，让学生真听、真信、真行，才能为学生"点亮理想的灯，照亮前行的路"。其次，辅导员要关心关爱学生，一名好的辅导员在内心世界一定热爱学生工作，以学生的健康成长和全面发展为出发点，尊重每一位学生的独立人格，成为学生的良师益友和知心朋友。再次，正确的职业价值观有助于催化辅导员求实创新、主动作为的精神，创新工作方法，积极利用新媒体、新模式以学生喜闻乐见的方式开展学生工作，促进学生在潜移默化中不断学习，不断进步，不断提高。

（四）有助于维护高校和谐稳定

习近平总书记指出，教师的重要就在于教师的工作是塑造灵魂、塑造生命、塑造人的工作。高校辅导员作为高校教师队伍的重要组成部分，肩负着为学生传播知识、传播思想、传播真理的重要使命。但长期起来，部分教师对辅导员岗位并不认同，也造成了辅导员职业价值观认同的弱化，辅导员都转岗去了其他行政岗位，这严重影响到了高校的和谐稳定。首先，改革开放以来，我国高等教育蓬勃发展，高校辅导员承担着重要的角色，为推动高等教育事业持续、稳定、健康发展作出了重要的贡献。其次，理想信念是高校教师的灵魂之钙。坚持立德树人，必须抓牢理想信念铸魂的关键，理想信念丰富了高校辅导员职业价值观的精神内涵，也进一步坚定了辅导员的岗位自信。由此，高校辅导员队伍的稳定就是高校和谐稳定的重要前提。再次，古人说："师者，人之模范也。"正确科学的职业价值观会与引导大学生培育和践行社会主义核心价值观形成高度的价值契合，辅导员勤学、修德、明辨、笃实的价值追求在潜移默化中浸润、感染着学生，无形中会激发大学生爱国爱校的情怀。

（五）有助于践行辅导员职业使命

履行辅导员职业使命的过程，就是辅导员开展本职业工作而发挥教育、管理、服务、咨询等职能的过程。从宏观上来讲，就是辅导员按照"准备—实施—评估反馈"的过程开展辅导员的工作。从教育者与教育对象的角度来讲，就是辅导员施教、学生受教的过程。以上这两种过程，为我们勾勒出了辅导员履行职业使命的简单过程。但是，履行辅导员职业使命不是直接将上级部门的要求"转达"给学生，不是将具体的任务"分配"给学生，不是把理想信念等直接"讲述"给学生，而是要通过辅导员的实际工作，最终实现对学生心灵的塑造，对他们形成正确的"三观"进行价值引导。履行辅导员职业使命不是命令式的、冰冷的线性任务布置，而是充满温情又不失严肃的心灵碰撞。这个过程，是辅导员与学生的双向互动过程，是二者的"心"与"行"融会交流的过程。为了分析的便利，文中暂且将辅导员与学生的双向互动过程简化为辅导员的主观意识活动辅导员的"施教实践活动—学生的能动意识活动—学生的行为实践"的过程。实现辅导员职业使命的过程是非常复杂的过程，不仅各个要素会受到其他诸多因素的影响和干扰，实施过程的各个环节也会有很多不确定因素。这里只是为了分析的便利，而将之进行简化。此过程循环往复，辅导员的职业使命通过辅导员的日常工作得以转化为学生的思想信念、道德品质和行为习惯。

从上文的分析中可以看到，辅导员的主观意识活动是辅导员履行职业使命的前奏，它处于一种潜在状态。辅导员的职业使命开始履行，是在辅导员的施教实践活动阶段。在开展施教实践活动阶段，辅导员将履行职业使命的主观想法转化为实践活动。辅导员开展施教实践活动，就是其职业能力的具体运用和展现过程。辅导员根据外在的教育要求，结合学生的实际情况，制定恰当的教育目标，有针对性地选取教育内容和教育方法，创设教育情境，这都是辅导员职业能力的体现。可以说，素质能力是职业使命得以履行的承载体。在现实中不难发现，一名讲课水平很高的教师却不是一名擅长教育引导学生的辅导员，一名很干练的管理者却不能胜任辅导员工作。这是因为这些讲课水平很高的老师和干练的管理者不具备担任辅导员的素质能力，即使他们有很高水平的教学能力或有很高水平的管理能力，但若他们担任辅导员，却不能使辅导员职业使命得到较好的履行。辅导员职业使命能否得到真正履行，关键在于辅导员是否其素质能力。

（六）有助于提升辅导员整体素质

素质能力的强弱是从业者职业素质高低的直接体现。从业者的素质能力强，其职业素质就高。具备辅导员素质能力有助于提升辅导员队伍的整体素质，这不仅是一般意义上能力之于素质的作用所决定，还是辅导员素质能力的特殊地位所决定。从所处的地位来看，辅导员素质能力在整个辅导员职业能力体系中处于中心地位，具有不可替代性。所以，承载了辅导员职业所独有的专业理论知识和技能的职业能力，是展现辅导员职业规范的重要素质，是辅导员职业的专业性、自主性的集中体现，是辅导员职业素质的关键因素。这就回答了一些高校辅导员职业的社会认可度一直徘徊不前、专业素质一直不高的问题，究其根源，在于这些高校往往只注重辅导员的事务管理能力，而没有抓住辅导员需要具备的素质能力，进而不能从根本上提升辅导员队伍整体素质。提升辅导员的素质能力，是提升辅导员队伍整体素质的关键路径。

以提升辅导员的素质能力来增强辅导员队伍的专业化水平，促进辅导员队伍整体素质的提升。辅导员素质能力与辅导员专业化之间有着内在关联，"专业化针对的就是辅导员的素质能力"。因为，辅导员专业化就是依托专门的机构及终身专业训练体系，对辅导员进行科学的管理培养，使其掌握高校学生教育管理工作的知识和技能，实施专业自主，表现专业道德，提高自身的学术地位和社会地位，全面有效地履行岗位职责的过程。要达成辅导员专业化，就要求辅导员掌握辅导员工作的专业理论知识，拥有在辅导员领域的专业自主，并有相当高水平的职业技能以履行辅导员的岗位职责，这恰恰就是对辅导员需要具备的素质能力的要求。反过来说，拥有素质能力，辅导员才能实现专业化发展。辅导员有了从业的专业化水平，辅导员队伍的整体素质自然而然就得到了提升。

以提升辅导员的素质能力来推进辅导员专家化建设，进而促进辅导员队伍整体素质的提升。任何一个职业都有该职业的领军人物。领军人物是某职业从业人员素质的典型代表，也是某职业从业人员学习、模仿的对象和标杆，能够带动全体从业人员素质的提升。辅导员素质能力水平提升的过程，就是辅导员积累专业理论知识，在实践活动中模仿、运用技能，经过实践反思，创造性地运用专业理论知识和技能，获得在辅导员工作中的专业自主，形成独具特色的教育引导风格。如此循环往复，螺旋式上升，从辅导员具备素质能力，到不断提升其素质能力水平，就是辅导员逐渐成长为专家型辅导员的过程。提升辅导员素质能力，培养更多的专家化辅导员，在辅导员队伍中树立标杆，带领更多的辅导员积极投身到自身素质能力建设中，就能从整体上提升辅导员队伍的职业素质。

（七）有助于增强辅导员工作实效

高校思想政治工作是一项战略工程、固本工程、铸魂工程。大学生思想政治教育质量关乎："祖国未来发展大计"。胡锦涛在全国加强和改进大学生思想政治教育工作会议上指出大学生的思想政治状况、道德品质、科学文化素质和健康素质如何，不仅直接关系现阶段中华民族的素质，而且直接关系未来中华民族的素质。特别是大学生思想政治素质如何，更是直接关系到党和国家的前途命运。习近平在全国高校思想政治工作会议上强调，"要坚持把立德树人作为中心环节把思想政治工作贯穿教育教学全过程，实现全程育人、全方位育人"。大学生思想政治教育质量的高低，很大程度上影响着高校能否培养出全面发展的中国特色社会主义事业的建设者和接班人，能否培养出担当民族复兴大任的时代新人。增强大学生思想政治教育质量具有重大意义。

日常思想政治教育是大学生思想政治教育的主阵地，而辅导员又是大学生日常思想政治教育的骨干力量。虽然思想政治教育的有效性受到思想政治教育诸多要素的影响，但在整个思想政治教育活动中，思想政治教育者占有着主导性地位，发挥着主导性作用。思想政治教育者是思想政治教育活动的发动者、组织者和实施者，在其与教育对象的矛盾中居于矛盾的主要方面，是思想政治教育活动的"前喻主体"。然而，思想政治教育主体在思想政治教育活动中能否发挥主导作用，在思想政治教育活动中是否是有效的教育主体，不是由教育者这一身份所决定的，而是由思想政治教育主体的主体意识和主体素质（政治素质、人格素质、理论素质和能力素质）所决定的。当然，在进入思想政治教育实践活动之前，政治素质、人格素质、理论素质只是以潜在的、准备的形态存在于教育者身上，只有在具体的思想政治教育实践中它们才能发挥现实的作用，而思想政治教育实践活动的开展及上述素质由潜在、准备形态向现实、效用形态的转化，必须依靠教育者从事思想政治教育的实践能力。也就是说，思想政治教育者具备从事思想政治教育活动的实践能力，将自身潜在形态的主体素质付诸思想政治教育实

践活动，才能发挥教育者的主导作用，推进思想政治教育活动有效开展。

辅导员在大学生日常思想政治教育活动中的主导作用以及推进大学生日常思想政治教育活动的有效开展，同样依赖于辅导员的素质能力。因为，只有辅导员具备了从事大学生日常思想政治教育的素质能力，才能使辅导员潜在的政治素质、人格素质和理论素质转化成现实的思想政治教育实践行为，使辅导员成为思想政治教育实践活动中的有效辅导员。辅导员具备素质能力，表现在辅导员能在思想政治教育实践活动中对其他主体因素的充分调动与激活，使思想政治教育实践活动得以有效开展，使思想政治教育质量得到提升。简而言之，辅导员具备素质能力，就能成为有效的辅导员，进而有效地开展思想政治教育活动，实现思想政治教育质量的提升。如果不具备该能力，就不是有效的辅导员，则不能推进有效的思想政治教育活动，自然不能保证其思想政治教育的质量。所以说，辅导员素质能力是促进大学生日常思想政治教育质量提升的重要保障，是增强辅导员的工作实效的保障。

三、辅导员素质能力构成

辅导员兼具教师身份以及学生工作管理者身份，这两个身份的工作内容、工作方式和考核指标有所不同。辅导员肩上具有教师又有管理身份，在大学生的思想政治教育过程中，对大学生思想政治素质的培养教育。辅导员岗位的突出特征，就是教师和管理者这两种双重身份，与多数高校中专门任教思想政治教育课程的老师是有所区别的。因此，从空间维度对比辅导员职业岗位与其他职业岗位对其核心职业能力的要求，尤其是对比其他大学生思想政治教育主体的岗位对其核心职业能力的要求，我们可以发现辅导员核心职业能力既需体现辅导员作为教师身份的职业能力，也需体现辅导员作为管理者身份的职业能力，但都是有别于专任教师和专职管理者的职业能力。辅导员核心职业能力需要体现在开展融入学生实际问题中的思想政治教育时从精要处对学生的价值引领，从细微处对学生的思想渗透。

结合我国社会发展对人才的需求，以及当代大学生的特点，本书在建构辅导员核心素养体系时，综合考量辅导员的制度设计、价值功能、评价标准和目标导向这四个不同的维度，分别从思想政治素养、职业能力素养、道德品质素养、科学研究素养四个方面构建辅导员能力要素。

（一）构成的依据

从制度设计上看，坚持辅导员思想价值引领的"政治本色"。高校辅导员制度是我国特有的思想政治工作制度。从最初的"政治指导员"、"政治辅导员"到如今的"辅导员"，称呼的简化意味着辅导员角色定位的变化与发展。将"政治"

二字去掉，并非弱化辅导员的"政治本色"，而是对辅导员工作职责和工作内容的进一步丰富完善。除了思想政治教育与日常事务管理，辅导员的工作领域还拓展到了心理健康、学业指导与生涯规划等方面。因此，在明确辅导员核心素养时必须要坚持突出"政治本色"。

从价值功能上看，要促进辅导员队伍专业化职业化专家化发展。辅导员是开展大学生思想政治教育工作的骨干力量，是高校学生日常思想政治教育和管理工作的组织者、实施者和指导者。辅导员的工作职责围绕思想理论教育和价值引领、党团和班级建设等九大方面展开，体现着辅导员队伍的专业化和职业化。因此，辅导员的核心素养要高度凝练辅导员职业发展中的关键要素与核心能力，为辅导员提升核心竞争力指明方向。

从评价标准上看，要考量辅导员教师和管理人员的双重身份。教师和管理人员的双重身份、职务职级"双线"晋升，是辅导员区别于其他政工干部和思政课教师的显著标志。相对于一般教师招聘，辅导员的选聘有更加严格的准入条件。在辅导员选聘的实际工作中，辅导员除了要满足"政治强、业务精、纪律严、作风正"的基本要求，基本上我国所有高校都将"党员身份"和"学生干部工作经历"作为选聘辅导员的必要条件。因此，在考量辅导员核心素养时，要用教师的基本职业规范要求辅导员，更要用严格的职业道德约束辅导员。

从目标导向上看，要指引辅导员不断提升工作的科学化水平。一方面，科学研究可帮助辅导员深入了解工作对象、研究工作规律，结合自身工作优势有效地教育引导学生。另一方面，科学研究能够训练辅导员的思维能力，在提升职业能力和专业水平的同时提升工作的科学化水平。因此，在明确辅导员核心素养时，要将辅导员从事科学研究的能力和水平作为重要依据。

（二）素质能力构成要素

1.思想政治素养

思想引领能力，是指辅导员履行用科学理论武装学生的育人职责所必备的综合素质。思想引领能力是处于中心地位的辅导员核心职业能力的子能力。辅导员的全称是"思想政治辅导员"，落实"讲政治、有信仰"理所应当是辅导员的首责首任。只有始终坚持正确的政治方向、政治立场，坚守正确的政治原则，才能为其他各方面能力更好地发挥作用提供保障。要不忘初心、牢记使命，做政治上的明白人，高举习近平新时代中国特色社会主义思想伟大旗帜，用"四个意识"导航，"四个自信"强基，"两个维护"铸魂，在思想上政治上行动上自觉与以习近平同志为核心的党中央保持高度一致，自觉维护党中央权威，旗帜鲜明讲政治，为大学生树立榜样，引导广大学生听党话跟党走，树立坚定正确的政治方向。要强化做好党建主责主业意识，落实高校辅导员担任学生党支部书记制度，协同党务秘书、组织员合力促进学生党建。要坚定马克思主义信仰，善于从政治的角度考量问题、明辨是非，从政治的高度把握形势、科学决策，自觉运用马克思主义这个政治上的"显微镜"和"望远镜"，发扬斗争精神，增强斗争本领，深入透彻地观察分析各种社会现象和社会思潮，真正辨别是非、善恶、美丑和荣辱，划清在重大原则问题上的基本界线，在各种重大斗争考验面前，经受得住考验。

（1）价值引领能力

价值引领能力，是指在辅导员工作中，履行用主流价值观引领学生的岗位职责所必备的综合素质。这里的"价值"，是特指以社会主义核心价值观为核心内容的主流价值观体系。辅导员具备价值引领能力，就是具备对学生进行主流价值观引领的能力。

以理想信念教育为核心，深入进行树立正确的世界观、人生观和价值观教育，是大学生思想政治教育的主要任务之一。中共中央、国务院印发的《关于加强和改进新形势下高校思想政治工作的意见》中又着重强调，要把理想信念教育放在首位。理想信念教育、"三观"教育都是社会主义核心价值观教育的集中体现。培育和践行社会主义核心价值观的重要意义，中共中央是这样界定的："培育和践行社会主义核心价值观对于巩固马克思主义在意识形态领域的指导地位具有重要现实意义和深远历史意义"。培育社会主义核心价值观要达到何种程度？十九大报告指出，要把社会主义核心价值观"转化为人们的情感认同和行为习惯"。坚定大学生的理想信念，树立和坚持中国特色社会主义共同理想，坚持"四个自信"，把社会主义核心价值观转化为他们的情感认同和行为习惯，补足大学生精神上的"钙"，需要强化、深化、内化社会主义核心价值观对大学生的引领。用社会主义核心价值观引领大学生，要求辅导员必须具备价值引领能力。价值引领能力又内含价值导向能力和价值示范能力两项子能力。

引导大学生树立科学正确的价值观需要辅导员具备价值导向能力。青年的价值取向决定了未来整个社会的价值取向。习近平总书记有一个形象的比喻，认为社会主义核心价值观就是人生的第一颗扣子，一开始就要扣好。引导大学生自觉学习并践行社会主义核心价值观，理应是辅导员的育人首要任务。然而，处在任何时期的任何一个国家，都有多种社会思潮存在。随着经济全球化、世界多极化、文化多样化、社会信息化的发展，各种社会思潮对民众的争夺更加激烈，给青年大学生形成正确的价值观带来了极大干扰。同时，一个人的价值观的形成和确立又不是一蹴而就的，就连伟大领袖毛泽东在苦苦寻求一条解决中国问题的道路时，也并非一开始就认定了马克思主义，"在1921年之前，可以说毛泽东有过多种主义、多种思想"。抓住青年价值观形成和确立的关键期，引导大学生在多种价值取向中确立科学、正确的价值观，坚持社会主义核心价值观，自觉践行社会主义核心价值观，需要辅导员加强引导，需要辅导员具备社会主义核心价值观导向能力。

辅导员引导大学生认同社会主义核心价值观重在潜移默化，以增强大学生对社会主义核心价值观的向心力。社会主义核心价值观是一种理论，是一种价值观念，不会自动进入学生的"头脑"。社会主义核心价值观能够被学生所认知、理解、接受，并付诸行动，主要需要经历"认知认同、情感认同、理性认同和行为认同"四个阶段 [1]。列宁曾说："工人本来也不可能有社会民主主义的意识。这种意识只能从外面灌输进去 [2]。"众所周知，这里的"灌输"不是强迫式地硬灌，而是除了上文谈及的理论传播和理论宣讲外，辅导员还可以采取融入实际生活、切入现实问题之中进行"漫灌"与"滴灌"。辅导员依托与学生日常生活息息相关的日常事务工作对学生进行社会主义核心价值观引导教育，是一种渗透式引导教育。需要注意的是，辅导员要克服为做事务性工作而做事务性工作的情况。辅导员所开展的事务性工作，从表面上看似乎只是为学生的学习、生活等服务，主要是解决学生的实际问题。但是，这些服务工作只是表层性的、暂时性的。辅导员通过这些日常事务和这些实际问题，帮助他们获得学业进步，解决生活困难，释疑心理困惑，使他们在工作后获得较好的职业成长，等等，其背后深层的目的是让学生从思想和行动上体会到思想政治素质在自己人生成长中的强大推动作用，认识到自我成长过程与社会发展进步的协同一致，形成指引人生发展的正确思想观念，树立正确的人生理想。正如毛泽东在江西瑞金召开第二次全国工农兵代表大会时讲道："总之，一切群众的实际生活问题，都是我们应当注意的问题。假如我们对这些问题注意了，解决了，满足了群众的需要，我们就真正成了群众生活的组织者，群众就会真正围绕在我们的周围，热烈地拥护我们。"解决群众的实际问题，根本目的在于得到群众的支持和拥护，促成群众一心一意跟着党走。第五届全国辅导员年度人物大连理工大学辅导员王志伟老师以融入日常事务工作之中的文化育人为依托，通过打造迎新文化、毕业文化、红色文化、公益文化、团队文化、校友文化、国际交流文化引领学生形成正确的价值观，他开展的价值引领教育自然而又深入有力。这就是辅导员的价值引领能力，在日常教育活动中有意识而又"顺其自然"地引导学生认同社会主义核心价值观、践行社会主义核心价值观的能力。

（2）理论宣传能力

理论宣讲能力，是指辅导员为完成思想理论宣传讲解任务所必备的综合素

---

① 陶韶菁：《如何增强大学生对社会主义核心价值观的认同》，《光明日报》，2016 年 6 月 9 日，第 7 版。

② 《列宁选集》第 1 卷，北京：人民出版社 1972 年版，第 247 页。

质。事实上，理论宣讲是理论传播的一种形式，是理论宣传的一种创新方式，是由宣讲人直接面对听众口头宣传讲解党的理论、方针和政策。

从古到今，从国内到国外，各个政党、各个团体、各个组织为了完成某项政治、经济、社会、文化任务，为了推进某一项改革措施，为了赢得执政地位或者巩固执政地位，都会通过宣讲的方式传递自己的政治主张，以争取民众的支持，获得舆论的主导权和话语权。在我国古代，孔子通过周游列国，与人面对面宣讲他的儒家思想，使儒家思想在信息相当闭塞的时代得以广泛传播。在中国革命战争时期，毛泽东依靠一次次的讲话宣讲他的战略主张。在国外，政客们为了赢得选民支持，击败对手，经过精心组织的竞选团队要奔赴各地进行竞选演说，以宣讲他们的政治主张，说服民众。这些事例都说明，宣讲在引导舆论、统一思想、凝聚人心方面具有十分巨大的作用。在我国进入全面深化改革、扩大开放的新时期，在决胜全面建成小康社会，夺取新时代中国特色社会主义伟大胜利的关键时期，更加迫切需要统一思想，凝魂聚力。强化党的宣传思想工作，尤其要做好党的创新理论的宣讲工作，以引领社会思潮。自党的十六大以来，党中央在全国组织开展的理论宣讲活动达到了"宣传理论、统一思想、凝聚力量、推动工作"的目的。党的十九大召开以来，为了深入学习习近平新时代中国特色社会主义思想和党的十九大精神，全国组织了多个层次的理论宣讲团，为学懂、弄通习近平新时代中国特色社会主义思想和党的十九大精神起到了积极作用。总之，理论宣讲是新时代思想政治工作者必须具备的能力。作为辅导员，身处教育引导学生的第一线，肩负着培养未来中国特色社会主义事业建设者和接班人、培养担当民族复兴大任的时代新人的重任，更应该强化理论宣讲能力。

辅导员的理论宣讲能力的重要性、紧迫性已在工作实践中有所体现。改制后的辅导员素质能力大赛的显著特点就是将原来的"主题演讲"调整为"理论宣讲"。这不是仅仅修改了比赛项目名称这么简单，而是引导广大辅导员着力于理论宣讲能力的培养，是对辅导员职业能力要求的风向标，直观体现出了辅导员的理论宣讲能力的极其重要性。另外，在习近平新时代中国特色社会主义思想和党的十九大精神宣讲中，吸纳优秀辅导员作为宣讲团成员，不仅是对辅导员具备理论宣讲的素质能力的肯定，更是要求辅导员肩负起宣讲党的理论的重任。教育部组建了"教育部'千名辅导员宣讲团奔赴各地进行十九大精神宣讲，各省市也组建了本省市的"辅导员宣讲团"。值得一提的是，在2018年评出的十名全国高校辅导员年度人物中，至少有3名辅导员都是十九大精神宣讲团成员，哈尔滨理工大学辅导员任佳伟老师是黑龙江省教育系统十九大精神"百人宣讲团"成员，燕山大学辅导员王银思老师入选教育部千名高校优秀辅导员校园"双巡"活动，沈阳工业大学辅导员李青山老师是辽宁省教育厅十九大精神高校集中巡讲组成员。

理论宣讲是辅导员的职责，理论宣讲能力是辅导员必备的职业素养。强化辅导员的理论宣讲能力，有助于用科学理论武装学生，实现对学生的思想引领。

辅导员在开展理论宣讲时，还需处理好几个关键问题。其一，要积极主动进行理论宣讲。当然，对党的理论的宣讲一般是有组织、有计划、自上而下地进行，绝不能自我主张，随意讲解。这里提出理论宣讲的积极主动性，着重是强调辅导员进行理论宣讲的敏锐性、主观能动性。辅导员开展理论宣讲，不是为了完成上级布置的任务，而是明确认识到自己所肩负的向广大学生宣讲党的理论的重任，要通过各种方式和渠道提高自己的理论宣讲能力。其二，要有重点地进行理论宣讲。一是要选择自己吃透了的、能够驾驭的内容进行宣讲。自己不懂的，或者是一知半解的内容，一定不能擅自给学生乱讲、误讲。遇到此类情况，完全可以邀请能够胜任的其他人员进行宣讲。二是要选择重点的、难点的理论内容进行宣讲。党的理论博大精深，就习近平新时代中国特色社会主义思想、党的十九大精神都绝不是一两天可以讲清楚的。辅导员在给学生进行宣讲时，必须结合学生的实际特点，结合学校的文化，结合自身的优势，有针对性地选取宣讲内容，提倡进行主题式理论宣讲。其三，要回应现实问题进行宣讲。毛泽东曾指出："人类认识的历史告诉我们，许多理论的真理性是不完全的，经过实践的检验而纠正了它们的不完全性。"这并不是说我们要怀疑所要宣讲的理论的真理性，而是说理论的力量来源于对实践的指导，来源于经受住实践的检验。因此，辅导员理论传播能力，是指辅导员完成广泛深入的理论宣传所必备的综合素质。对辅导员的理论传播能力的理解，不能简化为其传播理论的能力，即不能简单等同于"传"理论的能力，而是涉及与传播相关环节相对应的多项能力。具体地讲，理论传播能力是辅导员根据既定需要将思想政治教育信息向学生进行有目的、有计划的传播，并对信息传播方向、范围和程度进行调控的能力。具体表现如下：

其一，理论传播目标分析能力。传播目标分析能力是理论传播能力的基础。人不同于动物，在实施理论传播之前已明确其传播的意义和目的。

其二，吸纳、筛选和扩散理论信息的能力。吸纳、筛选和扩散理论传播信息的能力是理论传播能力的前提。辅导员首先要吸纳需要传播的理论信息，然后结合上级的思想政治教育要求和传播对象的实际情况，筛选出拟进行传播的理论信息，最终将这些筛选出来的理论信息传递给学生。也就说，辅导员需要具备对理论信息的由外向内的吸纳能力、内部筛选能力和由内向外的传递能力。

其三，理论信息传递过程中的掌控能力和处理能力。理论信息传递过程的引导和控制是理论传播能力的关键。辅导员要对传递过程中的理论信息在学生中的流转方向、流转范围和流转程度进行监管和控制，以降低所传播理论信息的失真率，扩大理论信息的受众面，深化理论信息的影响力。

辅导员的理论传播能力，主要是以马克思主义为指导的社会主义意识形态的传播能力。因为，思想理论传播主要就是传播我国主流社会意识形态。从思想政治教育的功能来看，其核心功能"就在于传播社会的主流意识形态，以便使最大多数社会成员认同主流意识形态"。增强辅导员的理论传播效果，着重体现在其理论传播的广度和深度上。增强理论传播效果，需要注意两点：

一是在传播理念上，须坚持理性传播与感：性传播相结合。思想理论传播的核心内容是社会主流意识形态，即以马克思主义为指导的社会主义意识形态。马克思主义是科学，具有深刻的理论性、严密的逻辑性。辅导员在进行理论传播时，要以自上而下的理性化传播方式，以捍卫思想理论的系统性、科学性和权威性。但是，辅导员除了必须采用理性传播方式外，也可以结合感性传播方式，因为"以社会实践为产生根源和存在基础的意识形态，既有系统化、抽象化的理论表现形式，又有表象化、象征化的感性表现形式"。为弥补和克服理性化理论传播的不足，实现理论的普及化和大众化，使学生更容易理解和接受社会主义意识形态，辅导员应当在坚持理性传播基础上融入感性传播。感性传播即是把理性化的思想理论以感性形象、符号象征或影视作品等以感性的形式呈现出来，让学生在轻松、愉悦、享受的氛围中接受、理解辅导员所传播的思想理论的实质。感性传播体现出理论传播的形象性、生动性和直观性。但是，感性传播绝不是低俗传播、庸俗传播、媚俗传播。感性传播在呈现形态上体现出可视化、质感化特点，但辅导员必须透过这些生动形象的感性形式传递、渗透思想理论的实质内容。较之理性传播，感性传播对辅导员的理论传播能力要求更高。总之，辅导员的理论传播是理性传播与感性传播相结合的结果。只偏好于某一种传播能力，都不利于辅导员的理论传播能力的整体水平提升。

二是在传播媒介选择上，须采用传统传播媒介与现代传播媒介。采用传统传播媒介宣传具有易控性、单向性特点，大学生接收到的思想理论内容都是经过层层把关、筛选甄别后的被认可的内容，可以有效避免消极、腐朽、落后思想的侵扰，保证社会主义意识形态的主导性和一元性。辅导员仍然可以采用专题讲座、主题教育活动、理论学习等方式向大学生传播思想理论。与此同时，辅导员必须清醒地看到，随着信息和网络的极速发展，现代网络传播媒介已是思想理论传播不可回避的手段和领域。一方面，现代网络传播媒介的移动化、数字化和网络化，所具有的快捷性、不受时空限制性、信息海量性等特点大大拓展了思想理论的传播。另一方面，现代网络传播媒介还是当前思想理论传播必须占领的"阵地"。从党的发展历史来看，思想理论宣传一直存在着谁去占领阵地的问题，不可能存在"真空地带"，不可能有保持中立的地带。辅导员要充分利用现代传播媒介，积极推进现代传播媒介与理论传播的融合，不断创新自己理论传播的方式。同时，将现代传播媒介"植入"传统传播媒介，在传统传播媒介中"引进"现代传播媒介，推进思想理论传播的手段创新。总之，增强辅导员的理论传播能力，要以推动实现思想理论的传统媒介传播能力和现代媒介传播能力的相互融合，实现理论宣讲形式的多样化，只有"把思想理论的宣传同灵活多样的感性形式结合起来，才能使主流意识形态超越理性概念与感性意识的间隔，实现主流意识形态同民间意识形态的沟通对话，在最大程度上争取共识。

（3）舆论引导能力

舆论引导能力，是指辅导员对学生进行舆论宣传、舆论导向和舆论指引所必备的综合素质。

辅导员的舆论引导能力是政治引导能力的重要组成部分。"舆论历来是影响社会发展的重要力量"[1]，它"在整个社会意识中最活跃、最具渗透力、感染力，是文化软实力中最具冲击力的因素"[2]。对舆论的引导，大至国家，小至一个组织和团体，都事关安全与稳定。对舆论的引导，包括对舆论的宣传、导向和指引。一直以来，对舆论的引导工作都是党和国家的重点工作，并且积累了丰富的舆论引导先进经验。毛泽东就主张要"制造舆论"培育群众的马克思主义思想，他在1927年就提出要在农村"普及政治宣传"[3]，通过营造浓郁的舆论氛围，动员群众参加革命运动。后来，在抗日战争胜利后，中国面临成为一个老中国和新中国的命运抉择时，毛泽东又谈到不仅无产阶级先锋队要有觉悟，还要通过"做很多切切实实的工作""在人民群众中间，广泛地进行宣传教育工作，使人民认识到中国的真实情况和动向"[4]，即通过广泛的宣传教育进行舆论引导，在人民群众中树立起对共产党的信心，引导人民群众跟着共产党走。在改革开放初期，面对人们对改革开放、市场经济的疑虑，邓小平要求坚持不懈地宣传马克思主义、社会主义，要"用巨大的努力同怀疑上面所说的四项基本原则的思潮作坚决的斗争[5]，要通过经常性的、广泛的宣传，"为提高人民和青年的社会主义觉悟奋斗不懈"[6]。江泽民在继续推进社会主义现代化建设中也尤为重视舆论引导工作，并结合时代特点提出"以科学的理论武装人，以正确的舆论引导人，以高尚的精神塑造人，以优秀的作品鼓舞人"，增强对舆论的引导力。辅导员所担负的舆论引导，主要是针对学生群体的舆论引导。

做好舆论引导，辅导员需注意把握以下四个方面：一是善于处理好不同利益需求学生之间的平衡。人们对利益的追求是最基本的需要。引发舆论的根本原因

---

① 担负起新闻舆论工作的职责和使命》，《人民日报2016年2月20日，第4版。
② 陈一收：《舆论引导能力建设研究》，北京：社会科学文献出版社2014年版，第1页。
③ 《毛泽东选集》第1卷，北京：人民出版社1991年版，第34页。
④ 《毛泽东选集》第4卷，北京：人民出版社1991年版，第1131页。
⑤ 《邓小平文选》第2卷，北京：人民出版社1994年版，第166页。
⑥ 《邓小平文选》第2卷，北京：人民出版社1994年版，第256页。

在于利益问题，引导社会舆论必须重视社会利益诉求，对学生而言，引发危机事件的因素往往是利益问题。学生有不同的利益诉求，多元利益学生群体基于不同目的的利益，处于博弈状态。尤其是在学校公共资源有限的情况下，如果辅导员在学生群体之间的利益协调不合理，不能实现学生利益的平衡，容易引发舆论不稳。比如学校出于房源整合和学生管理需要组织宿舍搬迁，学生难免有怨言。如若这部分学生又遇到其他因素影响和刺激，为发泄对搬迁宿舍的不满，就容易诱发舆情。对于不同利益群体的诉求，只有畅通学生表达利益的渠道，辅导员主动倾听他们的呼声，有效吸纳学生意愿，积极引导，在加强利益群体间的对话中壮大主流思想舆论。二是要正面引导与反面批评相结合。辅导员对舆论的宣传不仅要从正面进行积极引导教育，也要善于运用反面材料来进行反思批评教育。毛泽东用反面材料来进行批评教育，同错误思想作斗争，就能进一步增强在思想上的免疫力。因此，辅导员对学生的舆论引导需要从正面进行宣传教育与从反面进行批驳反思相结合。三是辅导员要把体现党的主张与反映学生心声相结合。辅导员开展舆论引导工作就是要体现党的主张，同时又不能忽略对学生利益的满足，即实现正确导向和通达社情民意的统一。这要求辅导员有大局观念，从整体出发，切忌为满足学生私利而违背教育宗旨、党的主张。同时，又不能完全不顾学生的利益诉求。四是辅导员积极进行中国特色社会主义核心价值观的宣传和引导。在新时代，一切工作都要围绕实现中华民族伟大复兴的中国梦目标上来，要将学生的思想统一到社会主义核心价值观上来，共同营造安全稳定的良好环境。

2. 职业能力素养

（1）知识储备

高校辅导员来自各不相同的专业，其知识结构不尽合理，建构一个适合高校辅导员自我发展的复合型的知识结构是当前辅导员专业化的迫切需求。从我国高校学生管理的实际情况来看，辅导员的专业知识主要包括学生教育指导知识、学生事务管理知识和基本学科知识三个部分。具体而言，学生教育指导知识是指包含思想政治理论、社会学、教育学、法学等多学科知识在内的知识，这些知识是高校辅导员专业化发展的理论基础；学生事务管理知识是指包含学生成长规律、大学生职业生涯规划理论、学生个人和团体心理危机干预知识、学生心理健康知识、学生组织管理以及学生评估等在内的知识，这些知识是直接运用于实践的应用型知识；基本学科知识大致可分为一般科学知识和相关学科知识。一般科学知识包括基本科学素养和基本科学知识，它决定了高校辅导员的基本科学素养水平；相关学科知识主要指与辅导员所在学院学生学科背景大体相一致的学科知识，这些专业学科知识能促使辅导员和学生之间产生知识共鸣和价值认同。

通用知识：马克思主义理论、哲学、政治学、教育学、社会学、心理学、管理学、伦理学、法学等学科的基本原理和基础知识。

专业知识：思想政治教育专业基本理论、基本知识、基本方法，马克思主义中国话相关理论及知识，大学生思想政治教育工作实务相关知识和法律法规知识等。

基础知识是辅导员开展日常教育管理工作和发展素质能力的前提，决定了辅导员基本科学素养的水平；专业知识包含思想政治教育专业基本理论知识及方法、马克思主义中国化相关理论及知识、法律法规知识，专业知识是辅导员素质能力的发展基础，高职院校辅导员来自不同专业，其知识结构不尽相同，因此辅导员需要通过不断的培训和学习获取专业知识，以实现从职业到专业的发展。

（2）业务技能

专业技能是高校辅导员运用专业知识解决工作中的问题、实现其工作目标的基本能力。当前，社会、高校和大学生对辅导员专业技能的要求主要体现在三个方面，即学生指导服务能力、学生教育管理能力、问题意识与创新能力。其中，学生指导服务能力是指在对学生给予各种指导服务时需要具备的能力，主要包含表达力、沟通力、影响力、判断力、分析力和号召力；学生教育管理能力是指在对学生实施日常教育管理过程中需要具备的能力，主要包含管理能力、组织能力、决策能力等；问题意识与创新能力是指在辅导员个体专业化过程中应该具备的发现问题、分析问题、研究问题、解决问题的能力以及工作改进与创新的能力。在具体的学生工作实践中，高校辅导员这三方面的专业技能是相互融合、互为补充、协同发展的。如果辅导员在某一方面的技能存在一定缺失，他的整体从业能力必然会受到削弱，将难以在学生心目中构建起良好的职业形象，其职业地位也将得不到巩固。

（3）育人能力

高校辅导员工作根本上是做人的工作，做群众的工作，承担着培养人、教育人的重要职责，直接面对和接触学生的思想、学习和日常生活，既是良师，又是益友。要坚持群众路线，直接倾听学生呼声、懂得学生关切，了解学生实际困难、掌握学生思想动态，急学生之所急，想学生之所想，把一切工作的标准和底线放在为学生服务上。要离开"案头"，走进"心头"，把时间留在与学生面对面上，把心思聚焦在学生成长上，把精力花在立德树人上，通过时时、处处、事事与学生在一起，在群众工作中不断回答好"对谁用情、在哪用力、如何用心"的"生涯之问"。要站在"三全育人"、"五育并举"的高度解决师生问题，充分了解教学科研力量所思、管理服务力量所想、一线同学所需，做到"为学生找老师、帮老师找学生"，更好地汇聚"全员、全过程、全方位育人"合力。

（4）实践能力

抓落实能力是践行"两个维护"最直接、最现实的体现，也是最实际、最重要的检验。唯有狠抓落实，用力度说话，以成果代言，才能向党中央交出一份合格的时代答卷。高校辅导员制度是确保党对大学的领导、贯彻党的教育方针的制度，如果工作不落实、不落地、不落细，就难以引人以大道、启人以大智，就会影响社会主义建设者和接班人的培养质量。作为党委党建工作的助手、教师教学研究的助手、学生学习实践的助手，高校辅导员要在构建德智体美劳全面培养的教育体系中抓落实，在德育中辅之以忠，在智育中辅之以能，在体育中辅之以勇，在美育中辅之以礼，在劳动教育中辅之以勤。要在政治领导、思想引导、情感疏导、学习辅导、行为教导、就业指导等方面抓落实，克服形式主义、官僚主义，从一点一滴做起，把小事当大事干，踏踏实实把正在做的事情做好，扎扎实实把立德树人各项工作真正落到实处。

（5）应急处突能力

表现的是应对、应变、应急的能力，表达的是灵活性、反应力和处置力。中国"新时代"遇上世界"百年未有之大变局"，外部挑战更趋复杂多变，大学已经不是象牙之塔，也不是一个桃花源。高校辅导员面对新困难、新问题、新风险，必须具有风险意识、忧患意识、底线思维，遇到风险和突发情况时，能够及时应急处突。要强化底线思维，以主动姿态和正确的方式防范化解风险，在"排兵布阵"上要做到预防为先，精准排查，对症施策，从科学管理的角度把风险消灭在萌芽状态，把不可控风险的损失减少到最低。在工作态度上要敢于斗争、善于斗争，在重大风险面前主动迎战，敢于担当担责，关键时刻要第一时间冲上突发事件"火线"。要夯实素质能力基础，坚持"实战、实效、实用"导向，保持斗争精神、锤炼斗争本领，切实做到守土有责、守土负责、守土尽责。要引好"千条线"，当好"一根针"，"想一万、防万一"，走进课堂、班级、宿舍、学生社团、学生活动，密切掌握事关学生的各类"风吹草动"。要切实做好"稳定工作台账"，把不稳定因素纳入台账管理，做到"底数清、情况明、数据准、针对性强"。要打起十二分精神，始终保持备急备险的觉悟，保持随机应变的状态，多思考、多预备，看得远、摸得深，想得透、备得全，应得准、用得上。

3. 道德品质素养

道德品质素养是评价辅导员队伍素质的第一标准。做好老师要有道德情操，习近平总书记在北京师范大学与师生代表座谈时强调，"教师的职业特性决定了教师必须是道德高尚的人群"。辅导员的道德品质素质主要体现在师德高尚和人格正直两方面。一方面，辅导员必须拥有高尚师德。辅导员是高校中师德较为优秀的群体，"人生导师"和"知心朋友"的身份定位使得辅导员与学生联系较其他教师群体更为紧密。工作中，辅导员必须注意自己的言行举止，用爱岗敬业、甘于奉献、言行雅正的高尚师德教育学生、引导学生。另一方面，辅导员要人格正直。习近平总书记在学校思想政治理论课教师座谈会上对思想政治理论课教师提出"六要"要求，"人格要正"便是其一。

4. 科学研究素养

科学研究素养是辅导员思考总结工作、发现自身不足和提升专业水平的关键能力。

辅导员要具备扎实的知识储备和一定的科研基础，能够深入思考工作中遇到的问题，运用学理分析其中的症结、探寻其中的规律，通过比较分析、概括总结找到问题的解决办法。善于学习就是善于进步，辅导员科学研究素养主要体现在自主学习能力、调查研究能力和规律运用能力三方面。面对思想丰富、内容广泛的辅导员职业知识体系，辅导员必须具有极强的自主学习能力，才能不断增强工作的科学性和有效性。调查研究能力要求辅导员能够熟练运用个别访谈、问卷调研、数据分析等调查方式，了解大学生的思想动态、价值取向与行为模式，准确把握大学生的话语体系和兴趣关注点，有针对性地进行教育引导。规律运用能力要求辅导员不断更新知识体系，完善知识结构，掌握科学理论，通过调查研究发现规律，并学会运用规律指导实践。科学研究素养是促进高校辅导员专业化职业化发展的力量源泉，能够为辅导员职业生涯发展注入源源不断的内生动力。

调查研究能力是唯物论的要求，体现的是一切从实际出发、实事求是的精神，是我们党一以贯之的优良传统。调查研究是开展工作的前提，是高校辅导员必备的基本素质之一。育人工作能不能做成，首先要了解学生实情、学习实况、发展实际，充分掌握学生的成长规律。这就要求高校辅导员要坚持目标导向、问题导向、需求导向、效果导向，深入实地、深入学生、深入实践、深入过程，不做旁观者，不主观臆断，不片面决策，而是通过调查研究获得第一手资料，获得正确的信息，从错综复杂的现象中把握人才培养的规律性。要将调查研究和学习思考紧密联系，居安思危，直面"知识危机"，警惕"能力不足"，克服"本领恐慌"，把学习当成一种习惯、一种境界，把调研当成一种觉悟、一种责任。要善于利用调研成果，勤于学习、乐于思考、善于总结，坚持在调研中学习，干什么学什么、缺什么补什么，既向书本学也向实践学，做到干中学、学中干，主动加强调查研究，主动加快知识更新、优化知识结构、拓宽眼界和视野，学以致用、用以促学、学用相长，做到"波浪式前进、螺旋式上升"。

四、新时代高校辅导员素质能力研究的理论基础

（一）马克思主义关于人的全面发展理论

关于人的发展的全部历史，马克思将其划分为人的依赖阶段、物的依赖阶段和自由个性阶段。随着生产的发展，产品种类的增加，生产范围的扩大，开始出现社会分工，逐渐形成了私有制，并产生了不同的劳动方式、多种生产形式，也产生了各种职业，人也被划分为有产阶级、中产阶级、无产阶级等不同的阶层。社会分工还促成了人的片面发展，恩格斯曾指出，"由于劳动被分割，人也被分割了。为了训练某种单一的活动，其他一切肉体的和精神的能力都成了牺牲品。人的这种畸形发展和分工齐头并进"①。

1. 需要的全面发展

需要反映的是人的一种缺失、不平衡的状态，它主要是指个体自觉反映自身所拥有的物质生活资料和精神生活条件。在马克思看来，"任何人如果不同时为了自己的某种需要和为了这种需要的器官而做事，他就什么都不能做"，也就是说需要是人的本性，但是，他又进一步指出，人的需要不等同于动物的需要。

"动物只是生产它自己或它的幼崽所直接需要的东西，而人则摆脱肉体的需要进行生产，并且只有在他摆脱这种需要时，才真正进行生产"，也就是说人的需要不单单是为了他自身的生存与发展，也是为了站在整个人类社会的生存与发展取向。人的需要不是自然得到满足的，它必须在社会实践中得到全面实现，当人的旧的需要得到满足时，又会源源不断地产生新的需要。总之，需要是促使个体从事某项社会实践活动的内部动力，不同的人的需要也是不一样的。每个人的需要都是从低层次需要向高层次需要发展，由单向性需要向多样化需要方向发展。人既有物质生活需要，又有精神生活和提升自我实力的需要，这种需要体现了物质和精神，自然性与社会性的相互统一。

2. 活动的全面发展

实践性是人类所特有活动的本质，人的全面发展不是在空想与思辨中实现的，它是人的各种实践活动的全面发展。人的生命是动态流动的，生命首先表现的就是活动，而人的活动最重要的就是人在改造自然世界和改造社会世界的实践活动。它不仅包括生产实践活动，也包括社会人际交往活动。马克思在《巴黎手稿》中将"对象性活动"也称为"劳动"。马克思这样论到："劳动乃是人的生命活动表现形式，这种活动也是人自己生产生活本身"，"一个种的整体特性、种的类特性就在于生命活动的性质，而自由的有意识的活动恰恰是人的类特性"。人们通过参加社会实践活动来满足自己的需要，拓展自己的社会关系，进而来提升

① 马克思恩格斯选集》第 3 卷，北京：人民出版社 1965 年版，第 642 页。

自身的素质。人的活动全面发展不仅包括自然力和社会力，个体能力和集体能力，潜在能力和现实能力等，也包括个体社会交往活动的全面发展，在交往中促进社会生产力的发展，在交往解放自己的个性，建立个体与外部世界、内部世界的各种链接。

3. 社会关系的全面发展

马克思是如何剖析人的社会关系呢？列宁曾指出：马克思的基本思想"是把社会关系分成物质的社会关系和思想的社会关系。思想的社会关系不过是物质的社会关系的上层建筑，而物质的社会关系是不以人的意志为转移的"。随着人类在改造自然世界与改造社会世界的不断深入和拓展，历史地形成了多种层次、复杂多样的社会关系。社会关系就是人与人之间的一切关系，马克思主义认为，社会关系是人在社会实践活动中形成并不断走向丰富完善的，它是向外的而不是向内延伸的。社会关系可以分为物质关系和思想关系两种，人的社会关系的全面性包含着人与人，人与自然以及人与社会的和谐发展，人的本质不是单个的抽象物，而是一切社会关系的总和。任何人的发展倘若离开了社会现实，脱离了社会关系，个体的全面发展就会沦为空中楼阁，就会成为无水之源、无本之木。另外，人的社会关系决定着人的能力和个性的发展程度。马克思主义认为，"社会关系实际上决定一个人能够发展到什么程度"，"个人的全面性不是想象的或设想的全面性，而是他的现实关系和观念关系的全面性"。人的全面发展会随着社会关系的丰富，由片面走向全面，由不充分走向充分，由贫乏走向富有。

4. 个性的全面发展

人的个性是指人的自然潜力、心理、精神、道德、思维和观念等，具有稳定性和个体差异性等特点。个性的全面发展就是抛弃个性的模式化和固定化，由个性的单调状态逐步走向个性的充分发展。"社会中的每一成员都能完全自由的发展和发挥他的全部才能和力量"，马克思指出，"在共产主义社会里，任何人都没有特殊的活动范围，都可以在任何部分内发展，社会调节着整个生产，因而使我有可能随着自己的兴趣今天干这事，明天干那事"。个性的发展摆脱了人的"异化"、"物化"和"分化"等，人最终成为自己链接自我、链接社会、链接自然界的真正主人。个性全面发展的人能够自由地调配劳动时间、自由地选择劳动职业，不屈服于劳动分工，按照自身的才能、爱好和兴趣来选择自己发挥价值的工作领域。

5. 人的全面发展的条件

实现人的全面发展既离不开良好的外部条件，也离不开个人自身的内部条件。首先，生产力的发展是实现人的全面发展的外部条件，它为人的全面发展提供了物质基础，"在未来社会里，社会生产力发展将如此迅速，以致尽管生产将以所有的富裕为目的，所有的人可以自由支配的时间还会增加。因为真正的财富就是所有个人的发达生产力"。其次，社会关系的改造是实现人的全面发展的又一外部条件，马克思认为，不管个人在主观上怎样超越各种关系，他在社会意义上总是这些关系的产物，人不能脱离社会关系而单独存在。人的经济关系、政治关系和思想文化关系都属于社会关系，要想实现人的全面发展，除了大力发展生产力之外，还要改善社会生产关系。第三，旧式分工也是影响个人全面发展的外部条件，马克思认为，机器大工业生产的分工，造成了人的片面发展与畸形发展，要想获得全面发展，必须消灭强制性的、固定化的旧式分工。最后是教育，教育是对人的身心发展有影响的社会实践活动，教育的目的是培养具有社会实践能力的人，促进人的全面发展。恩格斯 1847 年就在《共产主义原理》中提出，教育将使年轻人摆脱分工给每个人造成的片面性，未来的共产主义社会将使自己的成员能够全面发挥他们的才能。"教育可使年轻人很快就能够熟悉整个生产系统，它可使他们根据社会的需要或他们自己的爱好，轮流从一个生产部门转到另一个生产部门。因此，教育就会使他们摆脱现代分工为每个人造成的片面性"，马克思在《资本论》中提到："未来的教育对所有已经满足一定年龄的儿童来说，就是生产力劳动同智育和体育相结合，它不仅是提高社会生产力的一种方法，而且是造就全面发展的人的唯一方法"。

内因是事物变化发展的根据和根本动力，事物的变化发展是内外部条件相互作用的结果。同样，人的全面发展的实现除了外部条件之外，也有其自身的内部条件。"个人的全面发展，只有到了外部世界对个人才能的实际发展所起的推动作用，为个人本身所驾驭的时候，才不再是理想、职责等等"。这表明外部条件只有通过个人的主观努力才会起作用，其中个人的主观努力包括主体意识和主体能力。主体意识就是唤起人的本质力量，是激发个体指向某种活动并维持该项活动的主观意愿，对促进人的全面发展具有指向性、维持性和激发性等功能。而主体能力是指个体能否能动地驾驭实践的心理特征，体现出人对外部世界、内部世界以及两者关系的清醒把握。总之，在充足的社会条件下，内因的作用大于外因，有效地实现人的全面发展，除了具备良好的外部条件以外，更需要个人的主观努力。

马克思关于人的全面发展理论为开展新时代高校辅导员素质研究提供了理论借鉴和思想启迪。其一，马克思主义关于人的本质属性的描述，启示我们开展辅导员素质研究时要面向现实的人，而不是抽象的人，因为人的本质不是单个的抽象物，而是一切社会关系的总和。在研究中特别是数据资料的提取过程中，要特别关注并重视高校辅导员的真实需要、现实追求与发展困境。新时代辅导员素质包括哪些关键要素？辅导员的综合素质如何提升？我们需要深入地走进高校辅导员的内心世界。其二，马克思主义关于人的全面发展理论揭示了全面发展的主要内涵，这启示我们在开展高校思想政治教育工作中，必须要高度重视高校辅导员不同层次需要的满足和学生的个性化需要满足，必须坚持人民的主体地位，尊重人民的首创精神与核心利益，以学生的发展为中心，满足新时代大学生的多样化、个性化需求。其三，实现人的全面发展的内外部条件为新时代辅导员素质提升提供路径借鉴，切实提高辅导员的素质，一方面需要包括国家、学校、社会等主体提供外部条件，重视教育培训、环境氛围的营造、制度保障等，另一方面更需要辅导员个体的自身努力与践行，在高校辅导员的育人工作中，不断加强自身素质的培养与修炼。

（二）心理学相关理论

1. 人本主义心理学 - 马斯洛需求层次理论

马斯洛理论把需要分成生理需要、安全需要、社交需要、尊重需要和自我实现需要五类，依次由较低层次到较高层次，马斯洛的需求层次结构是心理学中的激励理论，包括人类需求的五级模型，通常被描绘成金字塔内的等级。从层次结构的底部向上，需求分别为：生理需求，安全需求，社交需求，尊重和自我实现。这种五阶段模式可分为不足需求和增长需求。前四个级别通常称为缺陷需求，而最高级别称为增长需求。1943 年马斯洛指出，人们需要动力实现某些需要，有些需求优先于其他需求。

五种需要是最基本的，与生俱来的，构成不同的等级或水平，并成为激励和指引个体行为的力量。

低级需要和高级需要的关系：马斯洛认为需要层次越低，力量越大，潜力越大。随着需要层次的上升，需要的力量相应减弱。高级需要出现之前，必须先满足低级需要。在从动物到人的进化中，高级需要出现得比较晚，婴儿有生理需要和安全需要，但自我实现需要在成人后出现；所有生物都需要食物和水分，但是只有人类才有自我实现的需要。

低级需要直接关系个体的生存，也叫缺失需要，当这种需要得不到满足时直接危及生命；高级需要不是维持个体生存所绝对必须的，但是满足这种需要使人健康、长寿、精力旺盛，所以叫做生长需要。高级需要比低级需要复杂，满足高级需要必须具备良好的外部条件：社会条件、经济条件、政治条件等。

马斯洛看到低级需要和高级需要的区别，他后来澄清说，满足需求不是"全有或全无"的现象，他承认，他先前的陈述可能给人一种"错误的印象，即在下一个需求出现之前，必须百分之百地满足需求"。在人的高级需要产生以前，低级需要只要部分的满足就可以了。例子：为实现理想，不惜牺牲生命，不考虑生理需要和安全需要。

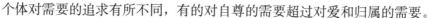

个体对需要的追求有所不同，有的对自尊的需要超过对爱和归属的需要。

（1）生理需要

生理需要，低级需要，食物、水分、空气、睡眠、性的需要等。它们在人的需要中最重要，最有力量。

例如：当一个人很饥饿时，那么他极需要食物。假设人需要工作的薪酬来生存，以生理需求来激励下属。

激励措施：增加工资、改善劳动条件、给予更多的业余时间和工间休息、提高福利待遇。

（2）安全需要

安全需要，低级需要，人们需要稳定、安全、受到保护、有秩序、能免除恐惧和焦虑等。

例如：一个工作者居无定所，四处漂泊。

激励措施：强调规章制度、职业保障、福利待遇，并保护员工不致失业，提供医疗保险、失业保险和退休福利、避免员工受到双重的指令而混乱。

（3）归属和爱的需要

归属和爱的需要：一个人要求与其他人建立感情的联系或关系。社交需要应用。

例如：人们积极社交，结交朋友，追求爱情。

激励措施：提供同事间社交往来机会，支持与赞许员工寻找及建立和谐温馨的人际关系，开展有组织的体育比赛和集体聚会。

（4）尊重需要

尊重需要，自尊和希望受到别人的尊重。

自尊的需要使人相信自己的力量和价值，使得自己更有能力，更有创造力。缺乏自尊，使人自卑，没有足够信心去处理问题。

例如：努力读书让自己成为医生、律师来证明自己在这社会的存在和价值。

激励措施：公开奖励和表扬，强调工作任务的艰巨性以及成功所需要的高超技巧，颁发荣誉奖章、在公司刊物发表文章表扬、优秀员工光荣榜。

（5）自我实现需要

自我实现的需要：人们追求实现自己的能力或者潜能，并使之完善化。

在人生道路上自我实现的形式是不一样的，每个人都有机会去完善自己的能力，满足自我实现的需要。

例如：运动员把自己的体能练到极致，让自己成为世界第一或是单纯只为了超越自己；一位企业家，真心认为自己所经营的事业能为这社会带来价值，而为此更好地工作。

激励措施：设计工作时运用复杂情况的适应策略，给有特长的人委派特别任务，在设计工作和执行计划时为下级留有余地。

从企业经营消费者满意战略的角度来看，每一个需求层次上的消费者对产品的要求都不一样，即不同的产品满足不同的需求层次。将营销方法建立在消费者需求的基础之上考虑，不同的需求也即产生不同的营销手段。

2. 人本主义心理学 - 罗杰斯教育心理学

罗杰斯学习心理学以其心理学思想作为基础，以突出学习者的中心地位为其核心，强烈冲击了传统的教育理论，大大影响了现代西方的教育。

罗杰斯对人性有一种深沉的信任。与弗洛伊德相似，罗杰斯认为，人有其本性，人生而有一些特定的心理倾向；他说："我没有发觉人在其基本属性上全然没有本性，人不是白板，可以在上面任意涂写。"而且，与弗洛伊德一样，罗杰斯极其强调这种先天的动力倾向对人的作用，指其为推动和决定人类行为的原始的、基本的动机；认为这种基本的心理欲求是否在一定程度上得到满足，决定着个体是否幸福，以及是否心理健康。然而，与弗洛伊德认为人的本性是邪恶的、人性不可信赖不同，罗杰斯认为人性本身是好的，健康的，或者最起码并非坏的、病态的。他确信，人的本性是倾向于创造，具有建设性，以及需要与其他人建立密切的个人关系的；人的最深层次里"潜伏着极其积极的方向"，即"积极性、建设性、或向自我实现而迈进、向成熟、向社会化而成长等等"。罗杰斯把精神健康视作人生正常的发展结果，而精神病态、犯罪以及其它的"有问题的人生"则是人的自然趋向被剥夺的后果。

实现趋向：罗杰斯以"实现趋向"来定义人的本性。实现趋向是存在于每一生命体身上的追求自身潜能最大化、追求生存状态最优化的内在动机，是人的紧张、需要、创造性、追求快乐等的源动力。"每个有机体都有一种保持自己，如有可能的话增强自己，最终要再生自己的趋向。对我来说，这一趋向成长，趋向保持和增强有机体的基本趋向，是所有动机的核心。"这种实现趋向可能被歪曲，而不可能被消灭，除非机体被消灭。同时，实现趋向是整个有机体的机能，不是有机体某一部分、某个特别的器官的机能。只有在有机体作为一个整体而存在，只有在有机体是一个正常的完整的个体的时候，它的实现趋向才会最强烈地展现出来。

关注人与人的态度、情感交流是罗杰斯在心理咨询中的核心立场，也是他教育理论的核心。在提出以上教学方法的同时，罗杰斯指出，"我们知道，促进这种学习，关键不在于教师的教学技能，不在于他的课程计划，不在于他的视听设备，不在于他采用的程序教学，不在于他的讲授和演示，不在于图书的丰富，虽然其中某一方面可能在某一时刻可以被用来作为教学的重要资源，但是它们不是促进教学的关键所在。促进意义学习的关键乃是教师和学生个人关系的某些态度品质。"在罗杰斯看来，教育过程是具有生活意义的师生共同的成长历程，是师生共同走向机能充分发挥的过程。在学习者中心的教育教学中，教师与学生之间是学习促进者与学习主体的关系，相互理解、真诚、信赖的人与人的关系是其应然状态。

在这种新型师生关系建构的过程中，教师的态度处于决定地位；真实、信任、移情理解是促进型教师态度的核心要素。

（1）真实、真诚

"人是其所真是"、"成为一个人"、"成为真实的自己"，是罗杰斯理想的人生。对教师而言，真实意味着他（她）在师生关系中是一个真实的、完整的个人，而不是"老师"；在与学生交往中，她不只是一个理性的教练、指导者，她的全部情感（不管是正面的还是负面的）在这一过程中都能够被自己感知、承认并自由表达。她可以喜欢也可以不喜欢学生的行为、功课、以及其他，并且真诚地以适当的方式表达给学生。这表明教师对自己有足够的安全感和自信，同时对学生也有充分的信任，这种心理环境可以给学生以充分的安全感，从而成为真实的自我。

（2）珍视，接受，信任

这种态度意味着老师对学生发自内心的、无条件的、不要理由的珍爱和关怀，这种珍爱和关怀不带占有的色彩，不是出于某种自私的功利目的，而是把学生视为独立的个人，承认学生感情与经验的合理性。教师既能接受学生成功时的喜悦，也能接受学生在面对新问题时的彷徨和害怕；她既能接受孩子的自律自觉，也能接受孩子偶尔的分心、叛逆；她能接受学生那些有益于学习和成长的感受，也能倾听并接受他们有不利于学习和成长的感受。总之，在这种态度指引下，教师不带成见地面对学生，关注学生的内心，从他而发现他固有的意义。

（3）移情的理解

这种态度意味着教师按学生的真实个性接受他，能够依据学生自身的情感逻辑来理解他。移情的理解表示师生关系的深刻性，教师不是表面地对学生赞许（并不努力进入学生的内心），而是对学生的内心有真切而全面的体会、理解，能够做到用学生的眼睛看世界和他（她）自己。教师有能力真正理解学生的感情，对学生的言行从来不怀疑，能够准确地感受学生的倾向和态度，并以合适的方式告诉学生他有充分的能力与意愿分担学生的感情。

罗杰斯指出，这三种态度的核心系于一个信念，也就是对人类有机体有一最基本的信任，相信每个人都有一种潜在的向积极的、善的、强大的、建设性的方面发展的能力。"如果我信任人类个体具有发展其潜能的力量，我就会给予他

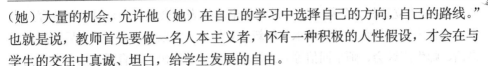

（她）大量的机会，允许他（她）在自己的学习中选择自己的方向，自己的路线。"也就是说，教师首先要做一名人本主义者，怀有一种积极的人性假设，才会在与学生的交往中真诚、坦白，给学生发展的自由。

二十世纪五六十年代，美国兴起了人本主义心理学思潮，罗杰斯是其中最为杰出的代表。他提出了以学生为中心的教育观，为实现教育的亲和力，主张采用非指导性教育的理念和方法。罗杰斯认为，教育的目标应该是促进学生掌握学习方法，并拥有积极的学习态度，不断激发学生学习的自发性和主动性。教师应当采取非指导性教学方法，充分尊重学生、关注学生，在思想和情感上与学生同频共振，在生活交往中平等信任学生；要充分发挥亲和力的作用，站在学生的角度充分了解学生内心深处的所思所想，才能取得理想的教育效果。高校辅导员作为陪伴大学生成长的关键角色，应当坚持罗杰斯人本主义教育思想的相关原则，尊重学生个体的多样性，根据非指导性教学理论，激励学生发挥潜能；要贴近学生的真实想法和现实需求，用双向互动的良性关系代替学生被动接受的单向输出，建立真实、和谐的师生关系。

（三）新时代特色社会主义立德树人教育观

党的十八大以来，习近平总书记高度重视教育，并先后在不同场合发表了许多关于教育问题的重要论述。习近平关于教育问题的系列论述内涵十分丰富，具有鲜明的时代感。在习近平关于教育问题的重要论述中，他多次强调了立德树人。学界把习近平关于立德树人的重要论述总结为习近平立德树人教育观。开展新时代高校辅导员素质研究，必须与习近平立德树人教育观紧密结合起来，并将其作为整个研究的指导思想与根本遵循。

对于德育在高校和教师职责中的重要性，我国古代和西方国家早有论述。《大学》开篇就是"大学之道，在明明德，在亲民，在止于至善"，极其强调人的思想道德素质的修养。韩愈将"传道"置于三大教师职责之首，提出"道之所存，师之所存"。德国教育家赫尔巴特认为："教育的唯一工作和全部工作可以总结在这一概念之中——道德。道德普遍地被认为是人类的最高目的，因此也是教育的最高目的。"可见，无论在我国还是西方国家，人们都将人的道德素质放在非常重要的位置。

"育人为本，德育为先"这是我国社会主义办学方向的体现，是我国学校教育的根本任务和政治优势。一直以来，我国始终将坚持"育人为本，德育为先"的原则，将德育放在学校教育的首要位置。

1. 教育的根本任务

党的十八大报告指出："要坚持教育优先发展，全面贯彻党的教育方针，坚持教育为社会主义现代化建设服务，为人民服务，把立德树人作为教育的根本任务"。这是"立德树人"第一次写进党的全国代表大会报告,是对"坚持育人为本,德育为先"教育方针的继承与创新。党的十八大以来,习近平先后通过重要讲话、师生座谈会、师生回信等方式深刻阐明了立德树人教育观。他在考察北京八一学校时指出:"落实立德树人的根本任务,是新时期贯彻党的教育方针的时代要求,是教育坚持和发展中国特色社会主义的核心所在"。在第二十三次全国高等学校党的建设工作会议上,习近平指出,"办好中国特色社会主义大学,要坚持立德树人,把培育和践行社会主义核心价值观融入教书育人全过程中"。在出席全国高校思想政治工作会议上,习近平强调:"要坚持把立德树人作为中心环节,把思想政治工作贯穿教育教学全过程,实现全程育人,全方位育人,努力开创我国高等教育事业发展的新局面","要全面贯彻党的教育方针,落实立德树人根本任务"。总之,习近平始终把立德树人的实现作为我国教育的根本任务,体现了习近平对新时代我国教育规律的准确把握,是中国共产党治国理政思想的又一次历史性飞跃。习近平关于"立德树人是教育的根本任务"的重要论述,抓住了教育问题的根本与核心,是对我国教育本质的匡正,也是一个正本清源的时代命题。

2. 教育的根本目的

习近平立德树人教育观与马克思主义关于人的全面发展理论是一脉相承的。两者都论述了"培养什么样的人"、"怎样培养人"以及"为谁培养人"等问题。而立德树人中的"立德"与"树人"之间又是辩证统一的关系,其中"立德"是教育的基本导向,"树人"是教育的目的。立德树人的根本目的在于促进学生的德智体美劳全面发展。所谓"国无德不兴,人无德不立",习近平在北京大学师生座谈时强调:"我们的用人标准为什么是德才兼备、以德为先,因为德是首要、是方向,一个人只有明大德、守公德、严私德,其才方能用得其所"。我国的教育要着眼于学生的健康成长,必须关心学生、关照学生、围绕学生。帮助学生赢得人生出彩的机会,必须要努力践行立德树人。习近平在高校思想政治工作会议上指出:"高校的立身之本在于立德树人,办好高等教育,办出世界一流大学,必须牢牢抓住全面提高人才培养能力这个核心点。要不断提高学生思想水平、政治觉悟、道德品质、文化素养,让学生成为德才兼备、全面发展的人才"。党的十八大报告和党的十九大报告都明确把"培养德智体美全面发展的社会建设者和接班人作为教育的根本目的"。可见,习近平立德树人教育观是以实现学生的全面发展为根本目的。

3. 强调了教师的队伍建设

习近平立德树人教育观不仅阐述了教育的根本任务和教育的根本目的,也详细论述了立德树人的实现路径。其中,立德树人的实现路径离不开教师队伍的建设。他先后提出了"四有教师"、"四个引路人"、"四个相统一"、"六要教师"着力提升教师的"三个地位"等论述，坚持把教师队伍建设作为教育的基础性工作，是立德树人的重要要求与举措。2014 年，习近平在同北京师范大学师生座谈会上，首次提出了"四有教师"，即广大教师要做到有理想信念、有道德情操、有扎实学识、有仁爱之心；2016 年，在考察北京八一学校时，习近平告诫广大教师要发挥"四个引路人"的重要作用：做学生锤炼品格的引路人、做学生学习知识的引路人、做学生创新思维的引路人、做学生奉献祖国的引路人；2016 年，习近平在全国高校思想政治工作会议上强调教师要做到"四个相统一"，即做到坚持教书和育人相统一、坚持言传和身教相统一、坚持潜心问道和关注社会相统一、坚持学术自由和学术规范相统一；2018 年，习近平在全国教育大会上指出"全党全社会要弘扬尊师重教的社会风尚，努力提高教师的政治地位、社会地位、职业地位，让广大教师享有应有的社会声誉"；2019 年，习近平总书记在主持学校思想政治理论课教师座谈会中，对全国思政课教师提出了六点要求：政治要强、情怀要深、思维要新、视野要广、自律要严、人格要正。这些关于教师队伍建设的重要论述都是在充实立德树人教育观的思想内涵，加强教师队伍建设，就是在为建设社会主义现代化强国奠基。

第二章 高校辅导员素质能力的实然样态

一、高校辅导员素质能力建设的历史沿革与政策导向

深入领会高等学校辅导员素质能力建设的研究意义和理论基础，发掘辅导员成长问题，是帮助和指导辅导员素质能力建设实践发展的前提。实践指向人，关注"人的主体性、需要和发展"是马克思主义关于人的基本观点。"人正是通过自己的批判性和创造性的实践活动，影响着现存感性世界及其发展方向，促成了它向着人的世界的生成"①②。因此，理论与实践构成了从实践到理论再到实践的互生发展关系，形成高校辅导员素质能力建设的可持续和创造力，朝着高校辅导员素质能力建设客观需求与主体发展的理想世界进步。高校辅导员素质能力的实践探索问题是我们理清能力建设的客观需求与主体发展之间的关键因素。本章通过对高校辅导员素质能力建设的实践过程梳理与政策分析，以新时代习近平关于高等教育的重要论述和全国思想政治工作会议精神为指导，探讨新时代高校辅导员素质能力建设的现实问题。总结分析高校辅导员素质能力建设的历史沿革，我们需要把高校辅导员主客体的基础条件作为出发点，探讨辅导员素质能力建设的形成过程并进行经验总结，发现规律性问题，寻找以问题为导向的高校辅导员能力建设的出发点和突破口。

（一）高校辅导员素质能力建设的历史沿革与新时代定位

高校辅导员制度的形成与发展是高校辅导员素质能力建设的前提，职业角色的存在、职责职能的发挥、素质能力提升是确保制度的前提条件。我国高校辅导员制度的发展深受社会现实发展的影响，具有典型的历史时代性特征，在不同时期的辅导员的素质需求构成了高等学校辅导员素质能力建设依据，以高校辅导员制度的历史沿革为遵循开展辅导员素质能力建设是科学的选择。高校辅导员素质能力建设是以辅导员制度的萌芽、形成、成熟与发展进程并行和包含的关系，研究高校辅导员素质能力的历史演进可以转变为对辅导员制度的历史进程梳理。在

---

① 高继宽，徐丽卿. 马克思实践论思维方式的确立及其价值取向 [J]. 东岳论丛，2009（7）：37.
② 王道阳，魏玮. 我国高校政治辅导员制度的历史演变及其启示 [J]. 思想教育研究，2007（5）：101-104

不同的历史时期，国家对辅导员队伍建设都形成了一系列的政策和制度，并且都对高校辅导员素质能力需求做出了明确规定，高校辅导员素质能力的建设以国家的政策导向为依据。高校辅导员能力建设与高校辅导员队伍建设体现了被包含关系和时代同步性，只有促进高校辅导员职业队伍的科学稳定发展才能够有辅导员素质能力建设的稳定发展，同时，辅导员素质能力建设的有效性发挥促进辅导员队伍的稳定与规范性。不同历史时期，不同时代特征赋予高校辅导员不同的社会责任与历史意义，高等学校需要认真研读国家制度政策，在国家制度政策的基础上准确定位高校辅导员素质能力的基本方向和构建科学的保障体系。

（二）高校辅导员素质能力建设的制度沿革

高校辅导员素质能力的建设和发展是随着中国高等教育事业发展的需要不断变化的，更是与高等学校思想政治辅导员制度建设发展如影随形地建设过程。从岗位的设置到工作职责的确定，再到角色和职责的不断优化都伴随着对从业者素质能力的要求和标准的新界定和新发展，构成了不断探索适应青年学生思想政治工作需要的实践过程。

高校政治辅导员制度的形成与受挫。早在土地革命战争年代，我们党创办中国工农红军大学时，就把人民军队中的政治指导员制度引入学校，成为我国高校辅导员制度的雏形。新中国成立后，社会主义建设和改造序幕已经拉开，为加快构建全新的社会主义教育体系和满足新中国对社会主义建设者和接班人的迫切需求，国家领导人对中国高等教育事业做出科学决策，在学习苏联的经验基础上不断制订符合中国发展实际的高等教育方针，完成一批高等学校的建设，确立了新中国成立初期高等教育由"中央调控、国家办理"的基本格局。党中央不断出台高等教育的制度政策，保障高等教育事业发展的正确方向，为了保障学生工作的顺利开展，维护高校稳定和提升人才培养质量，做好政治工作为根本要务，此时高校辅导员制度也就随着高等学校教育事业的发展需求而萌生。1951 年 10 月，教育部颁布了《关于加强对学校思想政治教育的领导的指示》《关于全国工学院调整方案的报告》，明确地提出了各类学校要加强思想政治工作，首次提出"试行政治辅导员制度"。这就决定了高等学校辅导员从最初产生就定位在开展学生思想政治教育工作，辅导员的素质首要能力即为思想政治教育能力。1952 年 10 月，教育部在《关于在高等学校有重点试行政治工作制度的指示》中指出：要求高校建立政治辅导处，设辅导员若干，从教师和学生中选取优良者充任，指示还规定要在高等学校设立政治工作机构——政治辅导处，设立主任一名，必要时可设副主任一名，政治辅导员若干人。政治辅导员的任务是在政治辅导处主任的领导下辅导一个系或几个系学生的政治学习和社会活动，组织和推动教职员工政治理论学习和社会活动。这一指示的贯彻落实，为我国高校辅导员制度的初步发展奠定了基础。此时的高校辅导员不但要负责学生的政治学习，还要负责教职工的政治学习。当然，此时高校辅导员队伍的建设尚处于起步阶段，高校辅导员的素质参差不齐。1953 年清华大学在全国率先建立政治辅导员制度，并且明确了政治辅导员政治工作和业务工作双肩挑的工作机制，开启了我国高校辅导员队伍建设的宏伟大幕。在这个阶段，高校辅导员的职业职责对能力的要求主要聚焦在政治工作上，为辅导员素质能力建设奠定了发展基础，因此这构成了辅导员素质能力建设起步的基础条件和基本需求。随后，全国各高校逐步建立起一支专门从事思想政治教育工作的政治辅导员队伍，这标志着我国高校政治辅导员制度的建立，视为辅导员素质能力建设的起步阶段。1961 年至 1966 年，教育部相继出台了《教育部直属高等学校暂行工作条例（草案）》《关于加强高等学校政治工作和建设政治工作机构试点问题的报告》《关于政治辅导员工作条例》等一系列文件，以法规的形式对高校政治辅导员的地位、作用、工作性质、任务、待遇和学生工作等一系列问题进行了明确规定，在这一时期，由于国家的高度重视以及各项政策的颁布和落实，极大地推动了政治辅导员这一特殊身份角色的成熟，也使得高校辅导员工作以及高校辅导员队伍的建设得到了初步的发展。虽然明确了辅导员素质能力建设的方向和标准，但是没有提及到底该怎么建设和如何建设的问题。"到了 1966 年我国高校基本建立了政治辅导员队伍，标志着我国高校辅导员制度已经确立"[①]。全国各高校不断地探索高校辅导员运行机制，对辅导员的选拔配备、工作职责、管理考核和待遇保障等都随着高等教育的发展需要而不断完善和调整，从选拔条件和工作职责的确定来推动，使得高校辅导员素质能力建设进入了探索初期。到了"文化大革命"期间，给党和国家带来了严重的灾难，而中国的高等教育则是这场灾难重灾区域里的"重灾户"。在极"左"思潮干扰和破坏下，整个高等教育停滞，"使学校处于无领导、无组织的混乱状态，政治辅导员制度的发展受到了严重的挫折"[②]，在此期间，思想政治工作声誉遭到破坏，辅导员制度名存实亡，很多政治辅导员受到无理批判和打击，工作停滞不前近乎瘫痪，校辅导员素质能力建设更无从谈起。

　　高校辅导员制度的恢复与素质能力建设的成熟。1977 年，邓小平提出，"要'尊重知识，尊重人才'，为当时教育、科技战线的拨乱反正指明了方向"[④]。党的十一届三中全会召开，吹响了改革开放的号角，我国的高等教育事业迎来了春天。1978 年 4—6 月第一次全国教育工作会议召开，思想政治教育工作重新得到重视，辅导员队伍建设也逐步得到恢复，并进入了快速发展时期，逐渐走向成

①　王道阳，魏玮. 我国高校政治辅导员制度的历史演变及其启示 [J]. 思想教育研究，2007，5：101-104

②　文建龙. 我国高校政治辅导员制度的缘起及演变轨迹 [J]. 上海青年管理干部学院学报，2003，2：10-11.

熟。国家的改革开放使中国与世界各国开始互学互鉴，随之带来了思想和文化上的交流与交锋，给高等学校的发展带来新的机遇的同时也带来了重大挑战。高校辅导员工作进一步得到重视，教育部先后出台了《全国重点高等学校暂行工作条例（试行草案）》《关于加强高等学校学生思想政治工作的意见》《高等学校学生思想政治工作暂行规定》《关于加强高等学校思想政治工作的决定》以及《选拔品学兼优的应届毕业生充实高等学校思想政治教育队伍的通知》等一系列文件，进一步强调了做好学生思想政治工作的重要性，明确了需要有一支又红又专、专职与兼职相结合的队伍投身于大学生思想政治教育工作。1978 年，教育部在《全国重点高等学校暂行条例（实行草案）》中指出：必须建立一支学生思想政治工作队伍，在一二年级设立政治辅导员。文件的出台有效推动了高校辅导员制度的恢复。全国上下认真贯彻落实中央及教育部的文件精神，通过选拔政治觉悟高、作风好，具有一定思想理论水平、政治工作能力的具有大学文化程度的干部、教师和高年级学生从事学生思想政治工作。部分高等学校开始设置思想政治教育专业，通过系统的、专业的、正规化培养方式输送大专生、本科生和研究生等不同学历层次的思想政治专门人才，这些文件和规章制度的落实使政治辅导员制度日趋完善。通过专门选拔与专业设置，其主要目的是培养一批具备全面开展高校思想政治工作能力和素质的专业人才来确保达到迅速加强高校思想政治工作质量提升的目的。1980 年 4 月，教育部联合团中央印发《关于加强高等学校思想政治工作的意见》中明确指出："加强学生思想政治工作，必须建立一支坚强的、有战斗力的政治工作队伍"①。有战斗力的队伍是高水平、高素质、高效益的直接体现，是对从业者素质能力的明确要求。通知中还指出："各校要根据具体情况建立政治辅导员制度和班主任制度。政治辅导员和班主任从政治、业务都好的毕业生中选留或从教师中选任"②。实现了从干部教师兼职担任到选留专门从事政治辅导员的大跨越，表明了辅导员制度的全面恢复，也逐步使辅导员素质能力水平标准得到进一步明晰。党中央和教育部门对高校辅导员制度的重视和投入体现了对高校辅导员工作的认可，并采取积极行动，主动应对改革开放带来的思想与文化的冲击，针对辅导员的角色定位、职责要求、待遇发展和能力建设进行更进一步的规定和说明，形成了一系列的经验基础和规划总结，这标志着高校辅导员素质能力建设的不断进步。1981 年 9 月，蒋南翔提出，"高校政工干部同教师一样，都是教育工作者，都是学生的老师。他们的劳动和贡献，同样应该得到社会的承

① 教育部思想政治工作司组编. 加强和改进大学生思想政治教育重要文献选编 1978-2014 [M]. 北京：知识产权出版社，2015：6.
② 教育部思想政治工作司组编. 加强和改进大学生思想政治教育重要文献选编 1978-2014 [M]. 北京：知识产权出版社，2015：7.

认、支持和鼓励"①。国家和教育行政部门纷纷发文要求各地各高校加强对辅导员制度的重视，在政治学习、业务提升上下功夫、想办法，帮助辅导员规划职业生涯，完善职业标准水平，不断地适应岗位需求的同时，在福利待遇及职称评定上也出台相应的保障机制，确保这支队伍的稳定发展。蒋南翔部长的讲话充分体现了高校辅导员制度在全面恢复过程中经历了诸多探索，解决了不少难题。改革开放以来，各种思想文化的交融交锋，对高等教育提出了重大挑战，青年学生的思想冲击表现突出，各种社会思潮把大学生带进了迷茫与困惑的怪圈。学生的疑惑重重、认识混乱问题成了当时辅导员被动承受的主要任务。校园安全稳定成了辅导员的主战场，大量的深耕细琢成了辅导员工作的主体，被动性、无准备性、应对性等特征突出，导致辅导员个体发展意识缺乏，主动创造意识缺乏，整体表现出工作的被动特点。缺乏主动发展，具体事务工作多的问题成了当时辅导员素质能力建设的直接目标，这也标志着高校辅导员素质能力建设趋于成熟，走上了顺应形势需要，满足服务对象成长需求的正规化发展道路。

高校政治辅导员制度的创新与能力建设的丰富。进入 21 世纪之后，随着我国社会经济的全面发展，高等教育从精英教育到大众化教育转变，高等学校办学模式创新与发展，高校扩招和就业创业市场化促使大学生思想政治教育工作的复杂程度和挑战性日益上升。市场经济负面冲击带来了高校辅导员与社会的亲和度提升，生源结构发生较大变化，新时代、新机遇、新挑战，辅导员职业的归属感降低、职业认同不高的局面难以改善、工作内容不断增加、急难险重的任务日显突出，促使辅导员职业得以迅速发展。为适应这种变化中央有针对性的出台了一系列文件，高校思想政治教育工作者也已经从政治指导员、政治辅导员确定为思想政治辅导员。2000 年 7 月，教育部党组颁布了《关于进一步加强高等学校学生思想政治工作队伍建设的若干意见》，"重申学生思想政治工作队伍建设的重要性和紧迫性，指出要坚持德才兼备的原则和专兼结合的原则，选拔政治素质和思想作风好，学历层次高，具有较强组织管理能力，善于做群众工作的教师或高年级党员担任学生思想政治工作人员"②。"辅导员素质能力的建设从起初的思想政治教育能力逐步向组织管理、群众工作等能力扩充，辅导员工作内容主要分为思想政治教育、学生发展指导和学生事务管理三个方面"③，2004 年 8 月，中共中央、国务院下发的《关于进一步加强和改进大学生思想政治教育的意见》（"16 号文件"）强调"辅导员、班主任是大学生思想政治教育的骨干力量"，文件还根据新形势新要求对高校思想政治工作人员的选拔、培养和管理机制等作出具体规定。

---

① 《关于学位工作和加强学校思想政治教育工作的报告——蒋南翔同志在第五届全国人大常委会第二十次会议上的汇报》[J]. 人民教育，1981，10：3 -10.
② 冯刚等. 改革开放以来高校思想政治教育发展史 [M]. 北京：人民出版社. 2018：420.
③ 冯刚等. 辅导员队伍专业化建设理论与实务 [M]. 北京：中国人民大学出版社，2009：18.

2005 年 1 月，教育部印发《关于加强高等学校辅导员班主任队伍建设的意见》，在意见中进一步明确指出，"辅导员、班主任是高等学校教师队伍的重要组成部分，是高等学校从事德育工作，开展大学生思想政治教育的骨干力量，是大学生健康成长的指导者和引路人"[1]。从 1993 年 10 月《国家教育委员会关于高等学校思想政治教育专业办学的意见》到 1994 年《中共中央关于进一步加强和改进学校德育工作的若干意见》，开始了对高等学校思想政治工作队伍能力素质的提升工程。1996 年中国人民大学、清华大学、武汉大学等高校设立马克思主义与思想政治教育博士学位并开始招生，通过完善体制机制保障体系来促进高等学校辅导员学习深造和组织能力的提升。2005 年教育部组织首批全国高校辅导员（班主任）骨干培训班，2007 年开始设立全国高校辅导员基地，系统性的开展辅导员的成长培养体系，从知识素养、专业能力、实践实训等多个角度来帮助辅导员更加适应工作需求。教育部还根据各基地的专长，形成辅导员培训的常态化学习和保障制度。2013 年 5 月，教育部印发《普通高等学校辅导员培训规划（2013—2017 年）》的通知，2014 年月教育部印发《高等学校辅导员素质能力标准（暂行）》的通知，都进一步指导和促使高等学校辅导员职业化发展精准化、精细化，开展了系列专题训练、专项技能提升、专业知识学习，作为提高辅导员自身专业发展水平的行为准则，明确了高等学校辅导员的职业名称、职业等级以及素质能力特征，该文件的出台把辅导员职业化水平推向新的高度。高校辅导员职业化指鼓励一部分专业人才长期从事这项工作，使之成为队伍中相对稳定的部分和中坚力量，保证辅导员队伍稳定和持续发展。因此，与时俱进的素质能力建设是保障职业化发展的实践基础。

新时代的高校辅导员制度。2016 年召开了全国高校思想政治工作会议并印发了《关于加强和改进新形势下高校思想政治工作的意见》，为新形势下的高校思想政治工作提出了新目标新要求，同时带来校思想政治队伍发展的新机遇。习近平总书记强调要保证高校思想政治工作队伍后继有人、源源不断，习近平总书记的讲话作为高校思想政治工作的纲领性文件，引起各高校对思想政治工作队伍建设的更多重视，特别是促进思想政治专职工作队伍的建设力度。2017 年教育部修订的《普通高等学校辅导员队伍建设规定》（"43 号令"）准确地描述了辅导员的职业角色是开展大学生思想政治教育的骨干力量，是高等学校学生日常思想政治教育和管理工作的组织者、实施者、指导者。角色目标是辅导员应努力成为学生成长成才的人生导师和健康生活的知心朋友。[2] 工作要求进一步凝练得更准确、更明晰，而主要工作职责从八大职责变为九大职责的同时，每一项职责的科学归类更加有助于辅导员的发展，其素质能力建设的清晰度显得更加突出，层次

---

① 教育部《关于进一步加强和改进大学生思想政治教育的意见》. 2005.

② 教育部 43 号令《普通高等学校辅导员队伍建设规定》2017-9-21.

性、层级性有所显示。而在对辅导员选聘标准的描述上实现了关键性、跨越式提升，从五个大方面对辅导员应聘者应具备的个人素养、通用能力与辅导员核心素质能力进行了全面规定，更加直观地展示了高校辅导员从业者所需要的能力水平和素质要求，向从业者更加有效地展示了要做什么和能做什么之间的必然关系，帮助高校更好地处理了辅导员的选聘和应聘之间的矛盾问题，以及保证高校辅导员队伍建设质量，促进辅导员素质能力建设。在新规定的第四章中，对辅导员的发展与培训都给出了明确的规定，较24号令中第四章的培养与发展来说大大提高了辅导员职业化专业化发展的可操作性。更加明确职称职级晋升、各级培训体系等能力建设体系及工作与生活待遇等保障体系建设。而且在第五章中就辅导员的管理与考核中也明确了辅导员培养、培训和考核等工作由学生工作部门牵头。考核依据辅导员素质能力标准，组织人事、学院党委和学生共同参与，形成了更加完备的管理考核体系，对辅导员素质能力的提升起到了有效的监督和保障作用。

（三）高校辅导员素质能力建设的政策变迁

改革开放40年来，为加强和改进大学生思想政治教育工作，国家和教育行政部门先后多次颁布各项规章制度、意见或方案，以确保青年大学生思想政治工作收到切实有效的成果，无论国家和教育相关部门的制度和政策如何推行，对思想政治专职（兼职）辅导员工作队伍建设提出意见和要求及安排部署始终是其工作的重要组成部分。1980年4月29日，教育部、共青团中央印发《关于加强高等学校学生思想政治工作的意见》（以下简称《意见》）的联合通知，强调"政工干部也要不辜负党的信任，增强党性，努力学政治，学业务，学科学文化，提高政治水平和工作能力，振奋精神，切实做好思想政治工作"[1]。《意见》要求政治辅导员及班主任不仅要做思想政治工作，还要坚持和加强自身的业务学习，甚至还可能要担负一部分的高校教学任务。对高校思想政治工作人员的工作内容做了规定，并强调了其所担任工作的极端重要性——既是党的政治工作队伍的一部分，又是师资队伍的一部分，担负着全面培养学生的重要任务。就从事高校学生政治工作人员的待遇保障及职称评定等也做出了详细的规定"在一般情况下，政工人员的物质待遇应不低于同时期毕业的教学人员的水平。而对于有专业知识并担任一定教学任务的政工干部，在职称评定上与专业教师同等对待。而对于那些专职的不担任任何教学工作的政工干部们，评为处级、科级后，可以享受同等级别干部的工资福利待遇"[2]。以上是对高校辅导员制度建设初期的回顾与追溯，可以看出，20世纪80年代出台的这一《意见》，对从业者的选聘条件、工作内容、

[1] 教育部、共青团中央印发《关于加强高等学校学生思想政治工作的意见》的联合通知. 1980-4-29.
[2] 教育部思想政治工作司《加强和改进大学生思想政治教育重要文献选编（1978—2014）》[M]. 北京：知识产权出版社，2015：6-7.

待遇保障、角色定位等进行了规定，为高校辅导员制度的后续发展奠定了重要基础。《意见》虽没有对高校辅导员的素质能力标准做出明确规定，也没有提到确切的评价体系，但是已经对素质能力的确立奠定了基础。满足大学生对思想政治教育的现实需求是从事大学生政治教育工作人员的首要职责，经验总结和推广是推动思想工作的重要途径。高校思想政治工作队伍建设工作在《意见》发布后开始启动，成为高校学生政治工作的基本保障力量，并对思想政治工作提出了工作标准和要求。1984 年 11 月 13 日，中共中央宣传部和教育部又联合发布了《关于加强高等学校思想政治工作队伍建设的意见》，《意见》共包含六方面的内容：一是关于对高校政工队伍建设的组成力量的规定，即高等学校的思想政治工作队伍必须实行专职和兼职相结合；二是对专职思想政治工作人员政治素质和知识水平的基本要求；三是对思想政治工作人员的来源和发展方向做出了规定；四是就专职思想政治工作人员的培训工作做了规定；五是对政工人员的各种待遇问题做了详细规定；六是指出要对优秀的高校思想政治工作人员进行大力表彰，以增强对自身所从事工作的责任感和使命感。该《意见》逐步深化了对高校思想政治工作队伍的选聘、使用、培养和发展的保障机制，从组织建设到个人建设都更加明确了方向和标准要求。1986 年 5 月 29 日，中共中央、国务院批转《国家教委关于加强高等学校思想政治工作的决定》的通知，该决定的下发对高校思想政治工作裹出新要求、确立了新高度。前面的文件是由国家部门联合下发，如今上升到中共中央、国务院批转，而且从决定的篇幅体量到内容成效来看，是对高校思想政治工作前面一个阶段的总结和下一阶段工作的规划，对各项工作的描述更具体、更有针对性，这也体现了前期制度设立的合理性和必要性。对前期高校思想政治王作进行了较好的经验总结和问题发掘，对工作内容、标准、方式方法、队伍建设都做出了新的发展性的描述，对于高校思想政治工作的有效开展提供了必要遵檐。由此看来，国家在改革开放初期对高校思想政治工作的定位的准确性、开展的工作的实事求是精神，发展方向的明确性，整体上都是符合国家实际、符合高校实际、符合青年学生成长实际的，对于高校思想政治工作者特别是高校辅导员专职队伍来讲奠定了科学的发展基础，这对未来高等学校的稳定和快速发展，人才培养质量的提升提供了基本保障。之后国家在工作制度的细化、内容的精准、标准的规范性上等等，各个方面出台了大量的制度和文件。对于近些年的高校思想政治工作专职队伍建设的又一个重要节点是 20 世纪初，新世纪国家政治、经济和文化建设取得了较大成果，人民生活水平不断提高，高等学校扩招带来的高校学生数量猛增，互联网时代的到来等等，这一切对高校思想政治教育工作带来重大挑战。2004 年 8 月 26 日发布的中发 [2004]16 号文件——《中共中央国务院关于进一步加强和改进大学生思想政治教育的意见》，在全国教育战线掀起热潮。在教育部印发的宣讲提纲中指出，中发 [2004]16 号文件就进一步加强和改进大学生思想政治工作的指导思想、基本原则和主要任务给出了明确指示，文件认为辅导员和班主任是高校教师队伍的重要组成部分。他们与大学生朝夕相处，是奋斗在思想政治教育第一线的人员，能够对大学生的成长成才产生重大影响，有着不可替代的重要作用。因此，应当重视和关心辅导员、班主任的成长。这一文件成了新形势下全面做好大学生思想政治教育工作的指导性文件。[①] 这一文件的发布，再一次使高校辅导员的职业身份定位得到了明确，同时也为辅导员的职业发展和培养机制明确了参照系，由此也更加清楚了进行辅导员素质能力建设的素质能力需求。中央十六号文件的颁布，为高校辅导员素质能力建设在国家层面上奠定了基础，而颁布于 2006 年 7 月 23 日的中华人民共和国教育部令（24号）《普通高等学校辅导员建设规定》，为过去 10 年的高校辅导员队伍建设提供了依据，为高校辅导员素质能力建设从制度上提供了保障。[②] 在之后的近十年时间，高校辅导员素质能力建设围绕中央十六号文件和教育部 24 号令开展，无论是组织建设、制度保障还是辅导员个体职业规划与发展都以此为依据，整体取得了较大的发展和较好的成绩。直至教育部印发《高等学校辅导员素质能力标准（暂行）》，高校辅导员提升自身的专业知识和技能才有了明确的目标，[③] 对自身的工作范畴、岗位职责、工作边界、能力要求等都有了明确认识。标准的科学性和执行效果（有效性）成了高校辅导员素质能力建设研究的重点问题，自此高校辅导员素质能力建设进入了独立具体的阶段。以习近平同志为核心的党中央多次就加强辅导员队伍建设问题做了重要批示和重大部署，长期以来国家和教育行政部门非常重视高校辅导员素质能力建设问题。从组织开展首届"全国高校辅导员职业技能竞赛"活动到今天，已演进升格为"全国高校辅导员素质能力大赛"，既是辅导员素质能力的大比拼，也是促进辅导员职业形成较大社会影响的重要平台，对加快推动辅导员素质能力建设具有重要意义。这一竞赛以丰富的形式、生动的表现和全面的内容唤起辅导员极大的职业热情，不仅能够全面考察了辅导员的专业素质能力，同时也为辅导员提供了直接学习和锻炼的机会。[④]2013 年《普通高等学校辅导员培训计划（2013 － 2017 年）》颁布，文件指出为了提高辅导员开展思想政治教育的基本能力，我们要对辅导员开展思想政治教育基本工作方

---

① 教育部思想政治工作司组编. 加强和改进大学生思想政治教育重要文献选编 1978-2014 [M]. 北京：知识产权出版社，2015：313.

② 教育部思想政治工作司组编. 加强和改进大学生思想政治教育重要文献选编 1978-2014 [M]. 北京：知识产权出版社，2015：492.

③ 李忠军. 以职业能力建设为核心推动高校辅导员队伍专业化发展 [J]. 思想理论教育，2014.12：97.

④ 周良书，朱平，俞小和. 中国高校辅导员工作史论 [M]. 北京：人民出版社. 2016. 6：234.

法和能力的培训，帮助他们掌握思想政治专题教、一对一谈心疏导、党团交流实践活动等思想政治教育的基本方法。① 中华人民共和国教育部令（43 号）《普通高等学校辅导员队伍建设规定》于 2017 年 8 月 31 日经教育部修订通过，这是 24 号令《规定》颁布实施 11 年以来的首次修订。43 号令在第一章总则中明确指出高等学校要坚持把立德树人作为中心环节，把辅导员队伍建设作为教师队伍和管理队伍建设的重要内容，整体规划、统筹安排，不断提高队伍的专业水平和素质能力，保证辅导员工作有条件、干事有平台、待遇有保障、发展有空间，这就为辅导员素质能力建设提供了最根本的政策指导。43 号令在第四章中发展与培训中又强调，"高等学校应当制定专门的办法和激励保障机制，落实好专职辅导员职务职级'双线'晋升要求，不断推动辅导员队伍专业化职业化建设"。由上可见，十八大以来，党和国家为辅导员队伍建设和素质能力建设提供了强有力的政策支持，辅导员职业化道路已逐步走上快车道，辅导员队伍素质能力建设效果显著，实现了长足的发展，迈进了一个崭新的时期。

（四）新时代高校辅导员素质能力建设的政策导向

高校辅导员的职业发展顺应中国特色社会主义新时代新要求表现出新的发展趋势。2015 年 1 月，中共中央办公厅、国务院办公厅印发《关于进一步加强和改进新形势下高校宣传思想工作的意见》，要求高校要构建全员全过程全方位育人格局，全面落实立德树人根本任务。这里明确了高校思想政治工作者，特别是辅导员要坚定不移的认真落实立德树人根本任务。2013 年 5 月，中共教育部党组印发《普通高等学校辅导员培训规划（2013—2017 年）》，主要目标是"为全面提高辅导员队伍对服务高等教育质量提升和高校学生全面发展的能力奠定坚实基础，达到辅导员培训规模稳步提升、培训质量显著提高、培训基础能力建设不断加强和高校辅导员素质全面提升的培训目标，其培训主要内容包括思想政治理论教育、专业素养提升和素质能力培养"，2014 年 3 月，教育部印发《高等学校辅导员素质能力标准（暂行）》，"准确规定了辅导员职业概括、职业知识、素质能力标准等，进一步增强辅导员职业认同、强化辅导员队伍建设的政策导向、充实丰富辅导员工作的专业内涵和规范辅导员的工作范畴，有效推进辅导员队伍专业化职业化建设"②。2017 年 9 月新修订的《普通高等学校辅导员队伍建设管理规定》（即教育部 43 号令，后面称 43 号令）的颁布进一步为高校辅导员素质能力研究提供了政策保障与方向指导，进一步明确了"高校辅导员的工作要求与工作职责、配备与选聘、发展与培训、管理与考核等内容"，辅导员的职业发展方向

① 中华人民共和国教育部. 中共教育部党组关于印发《普通高等学校辅导员培训规划（2013-2017 年）》的通知. https://www.cqn.com.cn/cj/content/2017-10/06/content_4951945.htm
② 中华人民共和国教育部. 中共教育部党组关于印发《普通高等学校辅导员培训规划（2013-2017 年）》的通知. https://www.cqn.com.cn/cj/content/2017-10/06/content_4951945.htm

和目标更加清晰，能力导向得到进一步强化，职业发展的新趋势和新方向被再次明确。与教育部 24 号令即旧版《普通高等学校辅导员队伍建设管理规定》（后面称 24 号令）比较，有着新的丰富和发展。新旧对比，从总的六章二十六条修订为总的六章二十二条，而在每一章里都有不适应时代发展旧内容的删减和为适应新发展新需求的新增内容，特别是在总目标和总设计规划上有了更准确的描述。

43 号令的总则描述更准确，总体设计更合理，总的目标更清晰。在第一条中新增要求以认真贯彻全国思想政治工作会议精神为要求，新增了"加强辅导员队伍专业化职业化建设"和"依据《高等教育法》等有关法律法规"两方面内容。专业化职业化的增加是对 24 号令实施十多年来工作实践的成功总结，更加明确了未来一段时间辅导员职业发展的方向。专业化体系的构建是以系统的专业知识、专业实践和专业发展为基础，而职业化是以高校辅导员职业需求为前提的职业意识、素质能力、职业评价的科学化进程。马克思讲："重视作为我们职业基础的思想会使我们在社会上占有较高的地位，提高我们自身的尊严，使我们的行为不可动摇"。高校辅导员作为一种职业在不断完善的过程中被注入更多的重视，这种重视是辅导员及其相关的社会关系的共同关注，使其专业化职业化发展的进程加快。专业化职业化的关系及其重要性是不言而喻的，43 号令准确的定位了辅导员队伍建设的新趋势和新目标，主要体现在"专业化是对岗位从业人员的内在素质要求，侧重于队伍的培养是职业化的基础。职业化是对岗位的外在要求，侧重队伍的激励和发展，是专业化的前提"，这样互为前提和基础的关系对为辅导员素质能力建设制订了总体规划。职业资格的获取和职业理想的确立促进辅导员逐步强化个人职业化专业化的决心和信念，"专业（学科）—职业（工作）—专业化（工作专门化）—职业化（事业）—专家队伍，是对高校辅导员素质能力建设的路径跟踪。《高等教育法》等有关教育法律法规是当前高校推进依法治校的重要依据，高校辅导员作为高校教师中的一员，在现代大学制度体系中有着不可或缺的作用，一切作用的发挥都基于符合高等教育法制化体系，坚持权责并重，权利与义务并重的发展方向。也就是说，辅导员队伍建设的前提是依照法律法规，具有掌握法律知识、使用法律工具的能力，形成与高校辅导员岗位职业需求的法律手段的使用能力，方能较好的适应职业发展，将辅导员工作作为一项事业去积极主动的创造新的劳动价值，实现自身的职业梦想。

顺应新时代对高校辅导员提出的新使命和新要求，党和政府出台一系列针对性措施，包含顶层设计、注重内涵发展、搭建科研平台、推进典型示范、传新特色发展等，"高等学校要坚持立德树人作为中心环节，把辅导员队伍建设作为教师队伍和管理队伍建设的重要内容，整体规划、统筹安排，不断提高队伍的专业水平和素质能力，保证辅导员工作有条件、干事有平台、待遇有保障、发展有空间"气辅导员的专业化水平和素质能力的高低是确保队伍建设的科学化发展的基础，是赢得工作条件、千事平台、待遇保障和发展空间的基础，辅导员素质能力标准建设需加强、队伍文化程度需提高、网络思想政治教育水平需提高、国际化进程需加快和充分发挥专家的"朋辈"引领作用发挥需改进等新趋势都呈现出积极的发展态势，因此我们说，不断加强高校辅导员素质能力建设，促进辅导员专业化水平提升，实现更多的辅导员坚持职业化发展是当前高校辅导员队伍建设的关键所在。

（五）新时代高校辅导员职业能力建设的功能定位

职业功能的定位就是对职业能力建设的定位，辅导员只有具备了其职业功能发挥的能力才能够胜任其岗位。新时代的大学生是国家发展和建设的保障力量，高校担负着立德树人的根本任务，其中高等学校辅导员是培养和塑造这支力量的核心组织者与管理者。辅导员发挥着大学生灵魂的塑造者、知识的传授者、技能的训练者等重要作用，他们在高等教育的效能实现上发挥着不可替代的重要功能。迈进新时代，辅导员角色定位不断完善，其职业的科学化发展路径更加清晰，他们在不断地帮助学生实现全面发展以期望适应社会对新时代人才需求，辅导员们集教育、管理、服务为一体的群体发展特征更加突出。伴随着改革开放地逐步深入、社会转型全面推进和高等教育多样化发展到内涵式建设过程中，高校辅导员制度也正在进入快速发展时期，辅导员扮演着不可替代的重要角色得到更广泛、更明确的认可，就功能定位和阶段能力建设要求而言，主要有以下四个方面。

首先，强化高等学校辅导员开展大学生思想政治教育的核心功能需进一步明确。辅导员职业萌生的根本出发点是开展学生思想政治工作，因此，思想政治教育能力其职业建设的核心能力。当前，大学生正承受着多元文化和社会意识形态的冲击，历史虚无主义、消费主义等消极主义观念不断侵蚀着他们，市场经济的负效应、中美贸易摩擦、国际安全局势等诸多问题冲击着青年学生。他们的思想意识尚不成熟，世界观、人生观、价值观尚处于形成过程之中，社会转型期所带来的各种社会思潮、意识形态给青年学生带来困惑与迷茫，面对这种大趋势，在青年学生群体中，在其成长的点点滴滴中发挥润物无声的思想引领作用的高校辅导员就显得尤为重要。高等学校是建设社会主义核心价值观的重要思想文化阵地，高校辅导员是开展大学生思想政治教育的专职骨干力量，通过开展爱国教育活动、发展学生党员、讲授思想道德修养与法律基础课程、指导创新创业实践、组织志愿者服务、参与社会实践等活动，让青年学生了解人民、了解国家、了解社会，在真抓实干中成长成才，提升正确分析时事的能力，增强爱国主义情怀，帮助他们树立起正确的世界观、人生观、价值观。高校辅导员为培养出合格的社会主义事业建设者和接班人做出了巨大贡献，他们是青年学生成长成才的最密切陪伴者和引领者，引导学生正确认识世界和中国发展大势，构建适应大学生思想政治教育规律的教育载体和平台，增进对国家的深刻认识；引导学生正确认识中国特色和国际比较，打造适合青年学生认知水平和个体发展所需要的成长平台，增强学生的国家认同；引导学生正确认识时代责任和历史使命，营造幸福是奋斗出来的干事创业好氛围，增加学生投身社会主义建设的热情；引导学生正确认识远大抱负和脚踏实地辩证逻辑，铸就青年学生立梦、圆梦的决心和信心，帮助学生树立艰苦创业的理想信念。辅导员的政治品格、思想境界和道德品质都会在从业者履行岗位职责的过程中通过言传身教一点一滴地影响着所教学生。辅导员个人必须具备较高的理论素养、政治素质才能理直气壮地带出一批又红又专的党政干部及高校辅导员。由此看来，辅导员的个人思想政治教育功能的发挥，首先必须以个人是优秀的共产党员、坚定的共产主义者为前提，拥护党的领导，具有鲜明的政治态度和坚定的政治立场，通过有效的方式方法、构建科学的平台载体，将内化于心、外化于行的形象政治教育功能充分发挥。而这些恰恰就构成了辅导员职业能力建设的首要内容，也是基础能力。

其次，不断发挥高校辅导员在高等教育过程中对青年学生的教导功能。虽说辅导员具有多重身份，他们区别于专业课教师，他们虽没有为学生直接教授专业知识或者技能，但他们承担着确保学生全面发展的重要任务，高校辅导员与大学生相处时间最长，相处形式生活化，接触方式最直接、最密切，全面掌握着学生成长的综合信息。辅导员通过不断完善自身职业能力为学生们创造良好的成长条件与环境，带领着学生朝着理想的人生目标奋进。辅导员的教育导航、日常管理和精准服务的职能伴随学生的大学全周期，在学生犯错误、走弯路的时候要能够及时发现，开展纠错改错工作，发挥教导功能，而这些教导功能的发挥记疑都需要专业的知识技能才能够有效地实现。教导功能的发挥主要体现在人生导航能力、生涯辅导能力、危机应对能力、心理辅导能力和日常管理能力等高校辅导员的关键职业能力建设水平的高低中，而这些也成了高校辅导员现实工作中可以训练和养成的关键能力。在现实工作中，辅导员经受着两眼一睁忙到熄灯，熄灯之后胆战心.惊的职业压力，他们被称为"保姆""消防员""警察"等等，都体现了在学生遇到危险、困难和误入歧途的时候需要辅导员挺身而出，而这些角色扮演的前提是对角色能力素质的准确把握和有效应用。当学生在生活中、在情感上出现问题，像保姆一样一路呵护学生，教导学生建立信心，不断朝着正确的方向坚强地走下去。在重大事件、关键节点上辅导员冲到最前线，像消防员一样解除燃眉之急，教导学生平和理性地处理问题，坚定正确立场，科学判断决策，正确采取行动。针对违反规定、触犯法律情形时，教导学生增强法律意识，提升法律观念，决不可触犯法律底线，对于违规违法行为像警察般严肃履行职责，避免不法行为在青年学生中出现。通过采取恰当的教育方式，有效的教育载体，丰富的教育形式，适合的教育平台来实现教导功能，这些内容、形式、载体和平台的搭建是辅导员职业能力的直接体现。

再次，不断提升高校辅导员在开展职业生涯发展与就业创业指导中的指导功能。高等教育的普及终将来临，高等教育的大众化与高速发展的社会之间的结构化矛盾长期存在，近3年高校毕业生均超过850万，从国家经济增长和新形势下国家产业结构变化需求看，学生的社会适应能力和素质水平不适应等问题突出，"史上最难就业季"好像难以化解的现象一直充斥在大学生当中。习近平提出："就业是最大的民生。要促进高校毕业生更高质量更充分就业"①。国家对大学生就业问题也不断地配套出台政策，今年成立了由国务院副总理担任组长的全国就业领导小组，针对刚刚离校不久的2019届毕业生，人社部发布了《关于开展2019年全国高校毕业生就业服务行动的通知》，一方面在解决就业问题，与另一方面让更多大学生感受到就业的压力。高等教育质量评判的关键指标定位在人才培养质量，人才培养质量的直接观测点则是毕业生走向社会后是否能够人尽其才，能够以一份个人和社会相互满意的工作。面对越来越严峻的就业形势，慢就业、专职考研、城市"蚁族"等社会现象让更多大学生怀疑学校、怀疑专业、怀疑自己，我想干什么、我能干什么和最终我去干什么的毕业去向疑惑无时无刻不在影响着青年学生。对于辅导员来说，他们了解学生，能够更加全面系统地掌握每一名学生想要什么样的生活和怎样的未来的预期。青年大学生都抱着美好的梦想考进大学，期待将来能有一份好的职业回报家人、奉献社会，最终实现美好的人生价值，而现实中存在不少的学生因对专业的认可度不高、未来职业选择困惑等问题而无法很好地度过大学生活，甚至半途而废。在这样的一个过程中，大多数的专业老师都会从所教授专业的角度对学生开展专业引导和学业指导，这些措施对喜欢所学专业并愿意在此专业领域发展的学生是有效的，也是必需的，但对于专业认同度不高、喜欢其他专业和不知道自己喜欢什么、将来能干什么的学生来说，针对他们的生涯规划和就业指导工作无疑就落在了辅导员的肩上，并且这些学生的教育工作往往都超过其他目标明确的学生的教育管理工作量，也构成千人千面的复杂问题。这些问题需要发挥在这一领域的指导功能的前提是辅导员要具备这些领域的专业知识和生涯辅导与就业指导的技能，而这些能力素质的形成需要长期的训练和不断的学习，来适应学生不断变化的需求。社会产业结构的改变，人才供给模式的变化，学生职业价值观的多样性，对辅导员指导功能的发挥有着导向型的作用，引导着辅导员在这些领域不断获取知识、信息来满足能力的

① 习近平. 决胜全面建成小康社会夺取新时代中国特色社会主义伟大胜利——在中国共产党第十九次全国代表大会上的报告 [M]. 北京：人民出版社，2017：42.

提升，适应职业发展的新需求。

最后，不断完善高校辅导员在大学生心理健康教育中发挥疏导功能。心理教育是大学生思想政治教育的有效途径，我国高校心理健康教育历经40年发展现已经走上了科学发展阶段，但依然存在诸多问题的现状不容回避。如教育水平不均衡、工作标准及界限不清晰、专业化水平不高、全员育人格局未形成等。自云南大学马加爵事件之后，高校因心理健康问题导致的悲惨事件层出不穷，给辅导员工作带来了极大压力与极强挑战。大学生长期在父母及家人的呵护甚至是宠溺中长大，缺乏生活经验、缺乏处理复杂事物的能力、缺乏应对压力的信心，学校唯成绩优先的评价体系也导致相当一部分大学生具有心理发展不成熟，承受压力能力差，当他们脱离父母的臂膀要去独立面对生理困扰、考试焦虑、人际交往、情感困惑、就业困难等带来的各种问题时，就容易造成各种心理疾病。辅导员需要掌握学生成长的一手材料，准确把握好时间节点，通过组织各类活动、搭建教育平台、开展团体辅导等工作，从源头上阻止心理问题的发生。在心理辅导问题上，高校辅导员扮演着老师、家长、朋友及心理医生等多重角色，他们成为各地各高校开展心理健康教育的重要力量。各高校为辅导员开展心理健康教育全覆盖式培训，构成校院五级心理预防体系，而在这体系当中起到核心作用的是辅导员，他们需要具备学生心理健康问题排查、发现、引导、干预等职业能力，这己成为辅导员职业核心能力的重中之重。来自社会、学校和学生对心理健康防御体系的诸多问题的压力，特别是学生伤亡事件的极坏影响带来的压力，使得高黟辅导员心理疏导能力成为辅导员选聘和工作考核的核心指标内容之一。高校心理健康教育正朝着对象面向全体学生、内容形式多元化及大数据与人工智能教育手段兴起的趋势发展，辅导员开展工作需要顺势而为就必须做好以下几点：一是建立好学生心理档案体系，心理档案要遵循保密原则，通过认真开展心理健康状况普查和危机状况排查，充分发挥辅导员与学生接触最直接、频率最高的优势，将心理危机消除在萌芽阶段，确保干预、转介及治疗的有敷联动能力是辅导员实现心理疏导功能的关键所在。二是积极参加心理健康教育培训。辅导员通过参加心理学基础知识、心理健康教育和危机干预的技能训练，从而提升辅导员在日常开展心理疏导工作的能力，借助辅导员谈心谈话工作平台，提升学生参与心理健康教育的意识，发挥心理工作防患于未然的作用。三是开展有效的研究。心理健康问题的发展需要过程，心理问题的爆发也隐含在学生成长的各个环节，高校的全员、全过程、全方位育人体系的构建促使心理健康要融入学校大改革、大发展的平台上来，因此辅导员在日常的工作中要开展心理疏导功能的研究，帮助更多的教师、管理者及服务者通过搭建的教育平台和营造的教育氛围开展有效的疏导工作。

二、海南高校辅导员素质能力建设现状描述

（一）问卷设计

在新的时代背景下，高校辅导员的素质能力不断提高，各方面的知识、各种教育机制体系都在不断地完善，虽已取得了一定的成绩，但在发展的过程中还是不可避免的存在一些问题。笔者通过发放调查问卷的方式，了解新时代下高校辅导员的素质能力现状，为进一步发现问题，提出提升辅导员素质能力的策略。为使结论更加具有真实性与普遍性，笔者选取海南省各院校进行调查，调查对象由高校管理者、高校辅导员和在校学生三部分组成，故问卷设有管理者、教师版和学生版三种（具体问卷请见附录1、附录2、附录3）。

本文首先对高校辅导员素质职业能力内涵做了探讨，在此基础上进行了辅导员素质能力核心内容的分析，明确了素质能力培养的方向；其次以素质能力标准为目标，分析素质能力培养的必要性，可行性以及发展途径，运用系统化的思维探讨职业能力培养的路径。再次，本文通过自编调查问卷的方式编写了《海南高校辅导员素质能力建设现状调查问卷》。其中素质能力调查设计为单选题，培训方面的调查问卷设计兼具单选、多选题和问答题。

高校辅导员素质能力调查问卷正文内容包括两个方面：第一部分，了解调查对象的基本情况，即辅导员队伍的基本特征。因第一部分涉及辅导员的部分隐私，所以采用匿名调查法，只了解辅导员的年龄、性别、工作时间、工作性质、学历、毕业专业、获得职称、职务、任职年限及收入等基本情况。第二部分，主要是为了摸清辅导员素质能力的现状，测试辅导员在职业能力方面的表现特征。题目涉及健康体魄，思想政治，职业技能和人格魅力四大核心职业能力状况的调查。第三部分，是关于辅导员职业能力培养的现状调查。目的是摸清现阶段学校对于高校辅导员的培训开展情况。题目涉及学校培训的内容、形式、时间、地点、考核标准、师资力量、计划落实等情况。

（二）问卷调查分析

本文是基于海南省内的研究，所以选取了海南大学、海南师范大学、琼台师范学院等高校的管理者、辅导员和学生作为问卷的发放对象。这些学校分布东西，南北兼顾，能够反映地区差异，更好的分析出辅导员的现状。问卷调查共计共回收680份。问卷分别调查了辅导员的性别、年龄、从事辅导员职业的年限以及职称等。

1. 基于管理者视角测评海南省高校辅导员素质能力现状

第 1 题　您的性别（　　）［单选题］

第 2 题　您的学历（　　）　　［单选题］

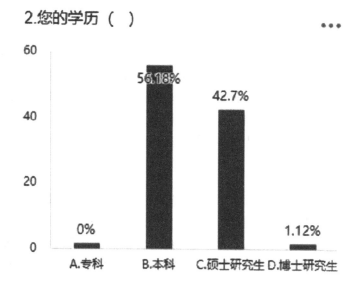

第 3 题　您的职称（　） 　[单选题]

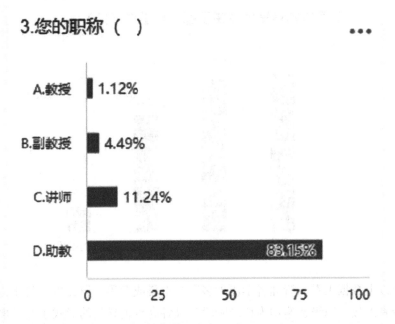

第 4 题　您的职级是（　） 　[单选题]

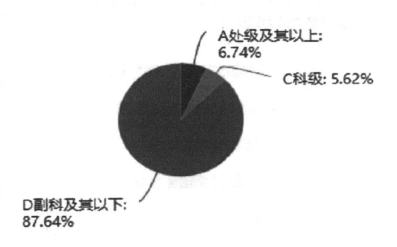

第 5 题　贵校辅导员大多属于哪种用工形式（　）　　［单选题］

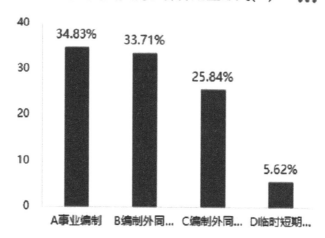

从以上数据来看，管理者学历大多数为本科或者硕士研究生，其职称普遍是讲师或者助教，职级普遍均为科级阶段，且各高校辅导员的形式主要是事业编制或同工同酬形式，临时短期兼职的比例较少。

第 6 题　贵校对辅导员的思想政治业务素质能力目标要求较为明确（　）［单选题］

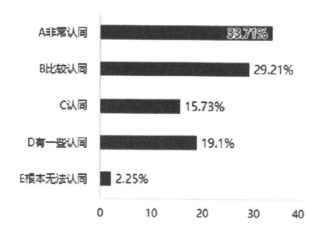

第 7 题 贵校对岗位技能及专业工作技巧有目标要求（）   [单选题]

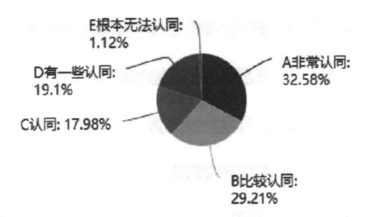

第 8 题 贵校对注重政治学、心理学、教育学、社会学等综合素质有目标要求（ ）   [单选题]

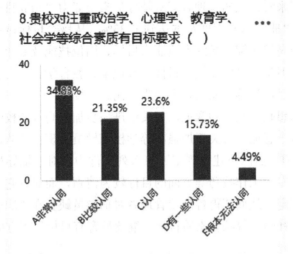

第9题　贵校对辅导员的继续教育有相关的目标要求（　）　　[单选题]

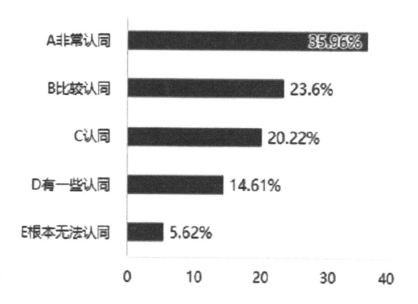

9.贵校对辅导员的继续教育有相关的目标 ...
要求（　）

从以上数据来看，虽然管理者们对辅导员素质能力"培养目标"的满意程度是相对较高的，"非常认同"度基本达到了33%。从培养目标显示，虽然有的管理者认为当前的高校对辅导员的素质能力目标、岗位技能及专业工作技巧目标等有明确的要求，但是在"职业规划目标，心理学、教育学、社会学等综合素质目标，继续教育有目标"等方面的要求较为模糊。主要是由于在《关于进一步加强和改进大学生思想政治教育的意见》、《关于进一步加强高等学校学生思想政治工作队伍建设的若干意见》、《关于加强高等学校辅导员、班主任队伍建设的意见》、《普通高等学校辅导员队伍建设规定》等系列文件中，对于辅导员的思想政治素质、岗位技能及专业工作技巧等方面的目标较为清晰，而对其它方面的目标要求并没有明确的规定，从而使得各高校管理者对辅导员缺少在"职业规划目标，心理学、教育学、社会学等综合素质目标，继续教育有目标"等方面的目标要求。

第 10 题　贵校对辅导员的选拔与录用机制较为完善（　）　　[单选题]

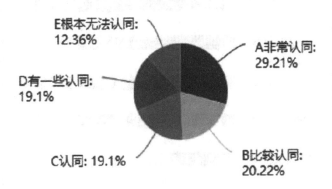

第 11 题　贵校有系统的辅导员培训体系、规划（　）　　[单选题]

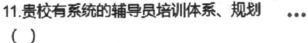

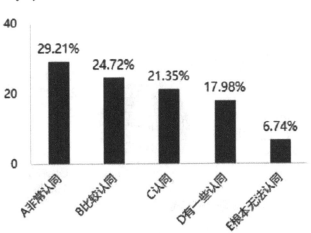

第 12 题　贵校对辅导员的工作有健全的评价机制（　）　　[单选题]

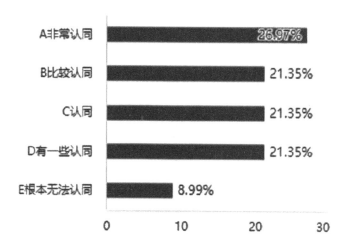

第 13 题　贵校对辅导员的激励机制较为完善（　）　　[单选题]

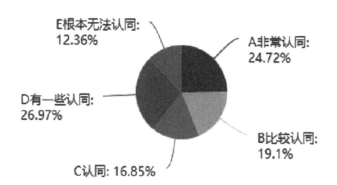

从表中数据可以看出，在培养机制方面，25% 左右的管理者对当前的培养机制非常认同，有将近 10% 的管理者对各选项选择了根本无法认同。其主要表现为虽然许多高校出台了高校辅导员管理的相关制度、工作细则等，但是制度对工作的要求还是不太清晰，"定性多"、"定量少"。往往许多时候，在辅导员的选拔与录用的过程中较为随意，没有进行严格的把关，甚至将学校中一些学历不够、不能从事学科教学的教师分配到辅导员队伍；激励机制和评价机制不健全，在工作中仍然在一定程度上存在着"干多干少一个样、干好干坏一个样"、"当一天和尚撞一天钟"、"平均主义"的现象，无法显示出不同工作业绩的不同工资和奖金的分配方式。由于体制机制的不健全，虽然作为从事行政管理的辅导员职业生涯结束后，有一部分人担任了中层及以上领导，但是仅限于个别人员，甚至有些"靠关系、走后门"现象的存在，"不跑官、不要官"的辅导员未来的职业走向并不好，或直接由辅导员工作转入后勤工作，或在辅导员岗位上干了若干年，久久得不到提拔。

第 14 题　贵校对辅导员队伍的设置较为稳定（　）　　[单选题]

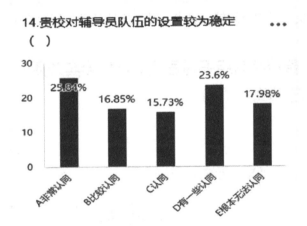

第 15 题　贵校能够为辅导员创设良好的自我提升的平台（　）　　[单选题]

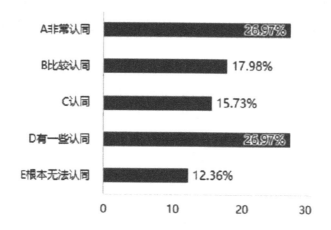

第 16 题　贵校经常组织辅导员参与社会实践活动进行锻炼（　）　　[单选题]

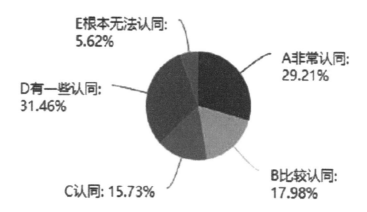

第17题　贵校注重辅导员学术交流与理论研究活动（　）　　[单选题]

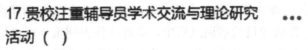

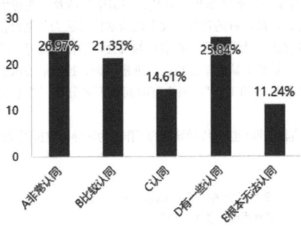

第18题　贵校注重辅导员队伍自身的交流与沟通，互相学习、互相借鉴（
）　[单选题]

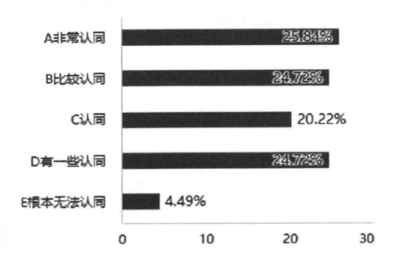

在调查问卷的有关培养方式类问题选项中，关于高校辅导员专业化素质和能力"培养方式"的"非常认同"率是最低的，而"非常不认同"率是最高的。许多高校在辅导员专业化素质和能力的培养过程中，仅限于每学期次数不多的"例行培训"，并且在辅导员的培训过程中，高校往往更侧重于辅导员的"政治理论知识学习"，内容单一、形式呆板，对其它知识很少涉及，使得培训对象兴趣不浓，被动接受培训。被调查的管理者大多认为学校无法为其创设良好的自我提高的平台，基本没有进入社会进行实践锻炼的机会，学校的辅导员学术交流与理论研究活动也较少。辅导员缺乏学习提高、进修培训、挂职锻炼机会。在日常工作中，辅导员间"各忙各的工作"，很少有时间坐下来分享工作心得体会，缺少交流与沟通。

第19题　贵校能够积极宣传辅导员的工作，为辅导员成长创设良好的环境（　）
[单选题]

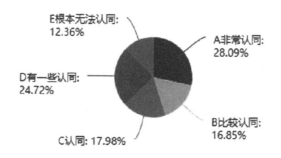

第 20 题　辅导员的社会文化认知环境较好，贵校重视对辅导员的关怀（　）
[单选题]

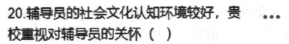

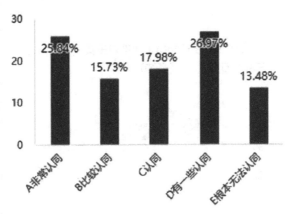

第 21 题　贵校为辅导员创设了良好的工作发展环境（　）　　[单选题]

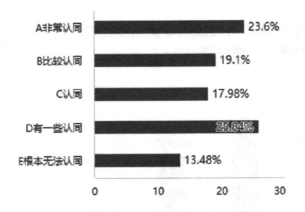

从以上数据可以看出，辅导员素质能力培养的环境认同度占比均匀，非常认同、比较认同、认同、有一些认同、根本无法认同均在 20% 左右，当前辅导员素质和能力培养的过程中，受社会环境因素的影响较大。从社会大环境看，影响辅导员成长的不定因素较多。首先，辅导员社会认同与正确认识较低。虽然国家在数次的"意见"中都提出要提高辅导员的工资待遇和晋职待遇，但是当前高校辅导员的工资和普通教师的工资差距并不大。同时，整个社会包括学校的师生们对于辅导员的认知程度并不高，认为辅导员是"无法担任科任教师"的人从事的职业。其次，社会文化的缺失。全社会对辅导员的职业认同还有待于进一步的加强。

第22题　您认为贵校辅导员工作精力主要集中在哪个方面（　）（多选）[多选题]

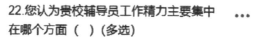
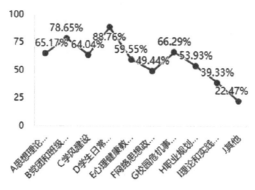

第23题　目前您对贵校辅导员素质能力建设进展情况的看法是（　）　[单选题]

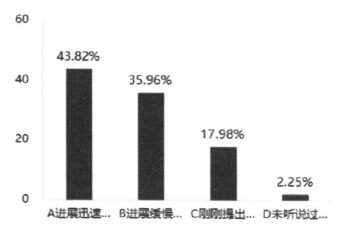

第 24 题　您认为应重点加强辅导员哪些方面的素质能力（　）（多选）　［多选题］

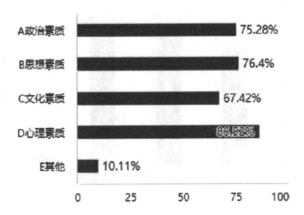

第 25 题　您认为应重点加强辅导员哪些方面的职业能力（　）（多选）　［多选题］

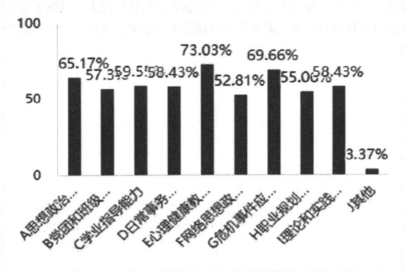

第26题　您认为应重点加强辅导员哪些方面的专业能力（　　）（多选）　　[多选题]

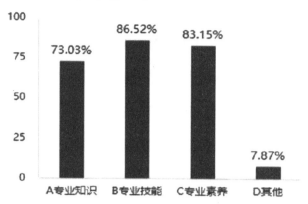

26.您认为应重点加强辅导员哪些方面的专业能力（　　）（多选）

从以上数据可看出，在大多数高校中，辅导员的精力主要是集中在学生的日常事务管理上，对于理论和实践研究较少。此外，当前还有将近50%的学校对于辅导员素质能力提升就建设进展缓慢，成效不大，甚至有的学校刚刚开始未见成效。大多数管理者认为辅导员还应加强各方面的素质能力，包括专业知识、专业技能与专业素养，这些能力涵盖思想政治教育能力、党团和班级建设能力、学业指导能力、日常事务管理能力、心理健康教育与咨询能力、网络思想政治教育能力、危机事件应对能力、职业规划与就业指导能力、理论和实践研究能力等各个方面。

第 27 题　您认为影响辅导员素质能力提升的因素有哪些？（多选）　[多选题]

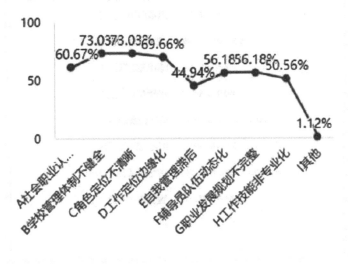

第 28 题　您认为当前辅导员素质能力提升遇到的瓶颈是（　）（多选）　[多选题]

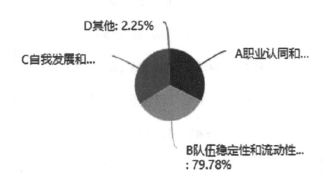

第29题　您认为提升辅导员素质能力的途径有（　）（多选）　[多选题]

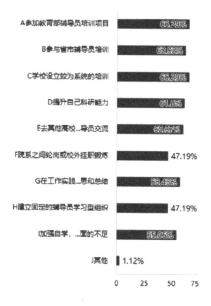

第30题　您认为加强辅导员素质能力建设，最主要的措施是（　）（多选）[多选题]

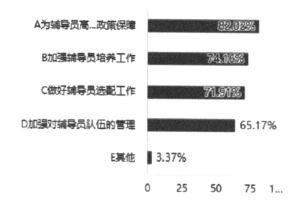

第 31 题 您认为辅导员素质能力提升的着力点应放在（　　）（多选）　[多选题]

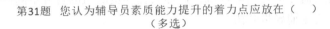
第31题　您认为辅导员素质能力提升的着力点应放在（　）
（多选）

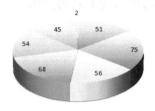

- ■ A严把入口关，坚持准入机制
  C加大辅导员的培训体系
- ■ B领导重视，创新管理机制，明确辅导员的职责和地位
- ■ D健全合理人性化的考评机制，激发辅导员内源性力量
- ■ E提供平台，提升辅导员的科研水平
- ■ F加快辅导员的学科建设
- ■ G其他

从以上数据可知，影响辅导员素质能力提升的因素分别来自社会、学校与个人三个方面。同时，辅导员在素质能力提升路径中所遇到的瓶颈也很多，分别来源于职业的认同感、队伍的稳定性与个人的发展前景规划等方面。因此，在提升辅导员素质能力的过程中，应通过各个途径去实现，将着力点落在各个方面，从全方面角度提升辅导员的素质能力建设。

第 32 题 贵校在提升辅导员素质能力方面有哪些好的做法以及不足？　[填空题]

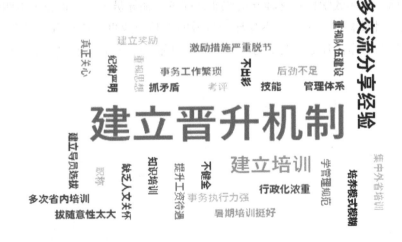

在提升辅导员素质能力方面，大多数管理者认为当前各个高校辅导员管理体系不完善，且培养模式模糊，学校应重视辅导员的队伍建设，建立健全的辅导员管理体系，增加辅导员外出培训机会，加大辅导员队伍的晋升空间，真正在思想和行为上关心关注辅导员队伍。

第33题　您认为贵校的哪些政策和做法阻碍了辅导员素质能力的提升？

[填空题]

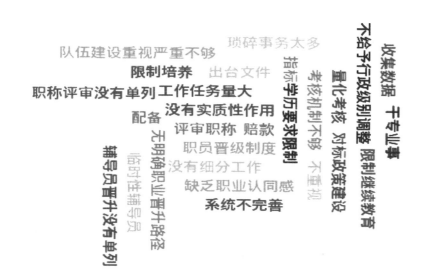

从以上关键词可知，影响和阻碍辅导员的能力提升的因素有很多，其主要因素分别是辅导员队伍的重视程度、辅导员职称评定问题、以及辅导员当前的工作性质。目前，大多数学校缺乏辅导员职业认同感，辅导员工作职责分工不明确，工作量大，且没有细分工作，不少辅导员做的不是专业事，琐碎事务过多。此外，辅导员的职称晋升是一大难题，不少学校职称评审没有单列，量化考核体系不够完善。

第34题 对于辅导员素质能力的提升，您有什么好的建议？   [填空题]

对于辅导员素质能力提升方面，各高校管理者建议加强辅导员队伍专业化，建立健全管理体系，提升督导员的晋升机会，此外还应多多提供辅导员的学习交流的机会，不断提升自身的专业素养和能力。

2.基于辅导员视角测评海南省高校辅导员素质能力现状

1.您的性别（ ）[单选题]

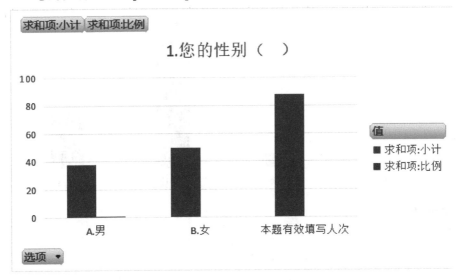

2.您的学历（   ）[单选题]

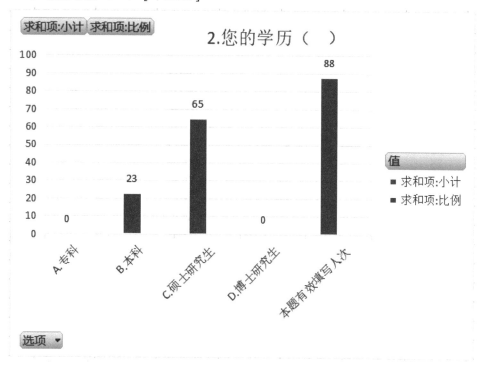

3.您的职称（   ）[单选题]

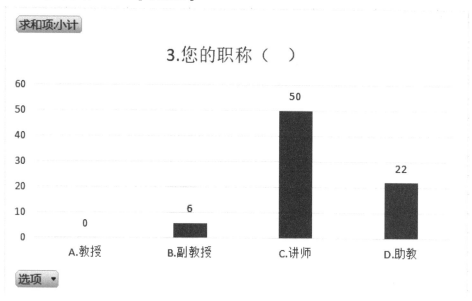

4.您被聘任为辅导员属于哪种用工形式（　　）[单选题]

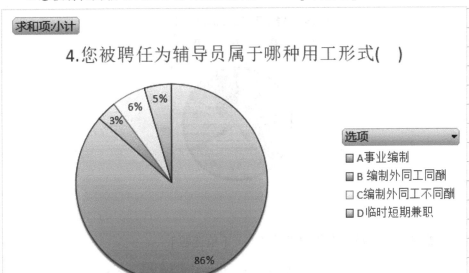

5.您对学校给您的福利待遇感到（　　）[单选题]

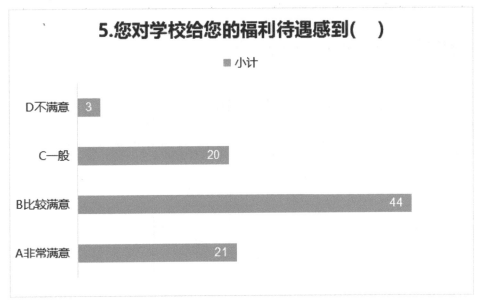

6. 您从事辅导员工作的时间为多长（ ） [单选题]

6.您从事辅导员工作的时间为多长（ ）

■A.1～3年 ■B.4～6年 ■C.6～8年 ■D.8年以上

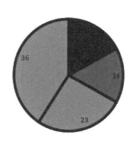

7. 您从事辅导员工作的动机是（ ） [单选题]

7.您从事辅导员工作的动机是（ ）

■ 小计

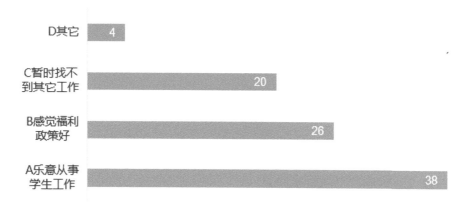

8.您从事辅导员工作的态度（　　）[单选题]

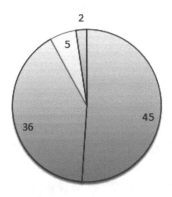

从性别上看，女性辅导员比例大于男性辅导员，其中女性 50 人，男性 38 人。这与我国高校辅导员岗位的人员配置的现实情况基本相符，也与经济收入、社大环境等对辅导员的认识基本相符。学历、专业和职称情况来看，被调查的辅导员大多数的是硕士学历，这大概是近年来高校对辅导员的学历要求至少是硕士有关。本科也有几个，但所占比例微乎其微，博士也较少。从工作年限上看，工作 8 年以上的人数最多有 36 人，占总样本的 40.9%；工作 6—8 年的人数次之，共计 23 占 26.13%；工作 4—6 年的人数为 14 人，占样本总数的 15.9%；3 年以内的占 17%，共计 15 人。这表明辅导员队伍在结构的构建上是较为稳定的。同时，工作年限在 3 年以内的辅导员共计 65 人，占 50.0%，这是一个很大的比例，这也力证了辅导员队伍年轻化的趋势。新人员的加入能够带动整个辅导员队伍的工作热情，但不足之处是他们大多缺乏经验，工作不够灵活。此外，从工作 动机和和工作态度来看，大多数辅导员乐意且喜爱这一份工作，并希望一直做下去，但也存在相当一部分辅导员想要转行。

9. 您是否会针对学生每个阶段的不同特点进行阶段性指导（　　）[单选题]

10. 在指导党团组织开展主题活动或指导学生开展校园文化、艺术、体育等活动，您认为自己（　　）[单选题]

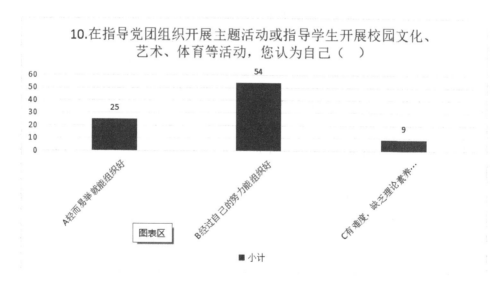

11. 您对第二课堂活动的参与度怎么样（　）[单选题]

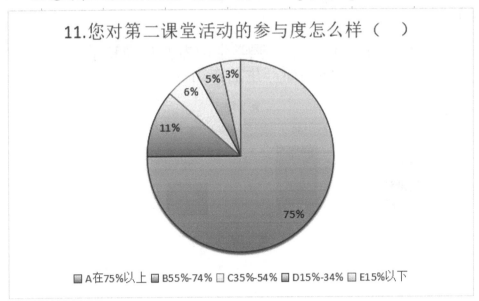

12. 您经常组织社会实践活动吗（　）[单选题]

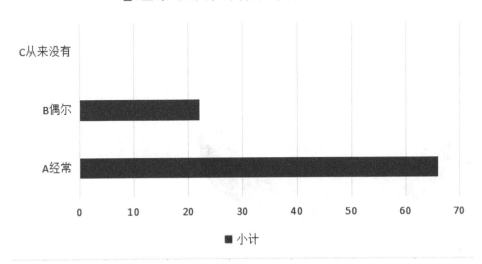

13. 您的工作对于增强学生的专业认同和学习热情所产生的作用（ ） [单选题]

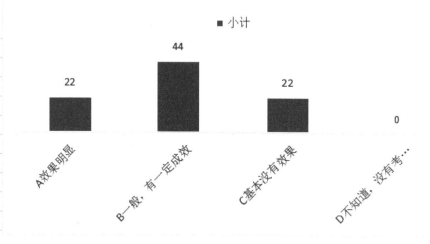

14. 对于学生学习生活中的不良倾向，您是（ ） [单选题]

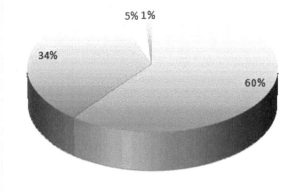

15. 在引导学生养成良好的心理品质和优良品格方面，您自己的评价是（　）[单选题]

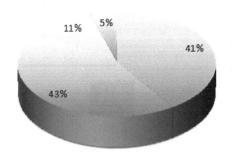

15.在引导学生养成良好的心理品质和优良品格方面，您自己的评价是（　）

- A付出多，收效明显
- B付出多，收效不大
- C付出不多收效也小
- D工作繁杂时间有限，没考虑过这个问题

16. 您能否解决学生一般的心理问题或心理压力（　　）[单选题]

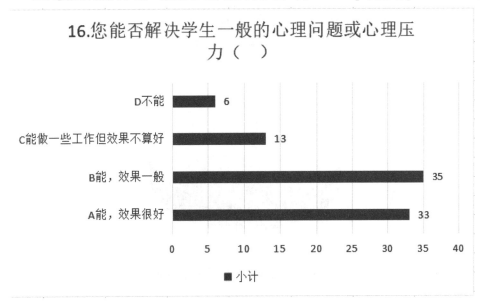

16.您能否解决学生一般的心理问题或心理压力（　　）

17. 您是否使用微博、微信等新媒体对学生进行教育和引导（ ）［单选题］

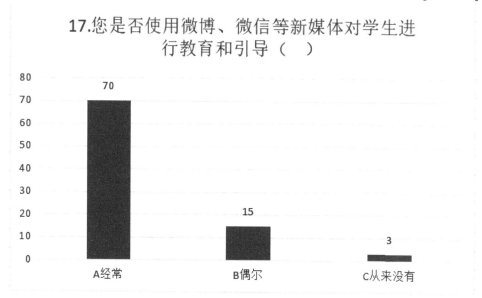

18. 对学生关心的校内外热点焦点问题，您能否及时进行教育和引导（ ）［单选题］

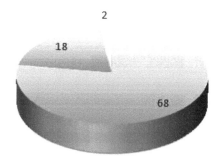

19. 如果出现学生群体危机事件，您会不会按照预案去及时处理（ ） [单选题]

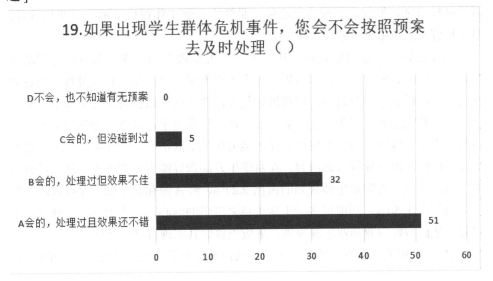

20. 您是否对学生进行过职业规划和就业方面的指导（ ） [单选题]

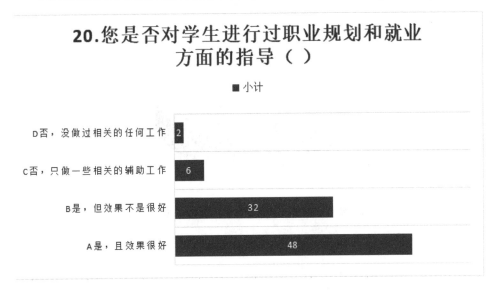

高校辅导员日常事务管理工作贯穿学生入校到离校始终，涵盖入学教育、离校教育、资助工作、评奖评优、党团支部建设、困难认定、奖助学金评定、班级活动等多个领域。涉及学生学习以及生活的方方面面，事关学校的安定有序。经调查显示，学生对于辅导员日常事务管理能力的评价整体偏高，对辅导员日常事务工作不满意的比例不足 10%。这也表明一线辅导员队伍的日常事务管理能力得到了学生的认可。这与其自身对岗位的认知以及使命感有密切联系。辅导员工作虽然琐碎繁杂，但他们普遍责任心强，是学生日常工作得以落地的重要执行者，是学校育人队伍中不可或缺的重要力量。

高校辅导员思想政治教育工作从本质上说是做人的工作，必须始终围绕学生、关照学生、服务学生。众所周知育人工作不是一日之功，育人过程应当贯彻在大学生成长成才的全过程。因此辅导员要以学生的阶段性特征为工作重点和难点，苦练看家本领，成为学生发展指导工作的行家里手，最终引导学生成为全面发展的人才。辅导员对学生发展指导的能力包括学涯指导，职涯指导，生涯指导以及阶段性心理指导等方面内容。在对学生发展指导能力的调查中，从来没有为学生做过学业或者职业生涯规划的占比 2.27%，经常做和偶尔做学业或者职业生涯规划的占比 50%。当前很多学生缺乏持之以恒的耐心，意志力薄弱，辅导员不仅要为他们做好职业学业生涯规划，更应当敦促其实现自己的目标。

21. 您在相关领域发表的与学生思想政治教育有关的论文共有（ ） [单选题]

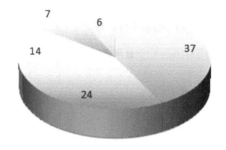

21.您在相关领域发表的与学生思想政治教育有关的论文共有（ ）

A一篇　B两篇　C三篇　D四篇　E五篇及以上

22. 您认为自己对下列哪些方面的工作比较熟悉（　　）（多选）[多选题]

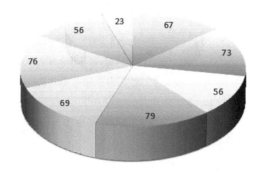

22.您认为自己对下列哪些方面的工作比较熟悉（　　）（多选）

- ■ A党的创新理论教育
- C职业生涯规划与就业指导
- ■ E危机、突发事件应对与管控
- ■ G网络思想政治教育
- ■ B大学生党团、班级建设
- ■ D困难资助、奖罚管理等学生日常事务管理
- ■ F校园文化、社会实践等日常思想政治教育
- ■ H其他

23. 下列相关理论及知识哪些是您基本具备的（　）[多选题]

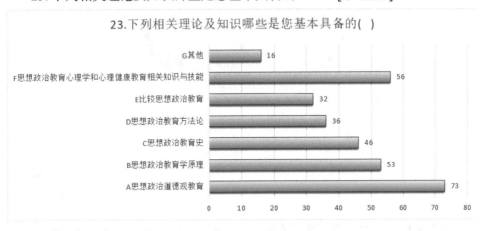

23.下列相关理论及知识哪些是您基本具备的(　)

24. 下列基础知识哪些是您基本具备的（　　）[多选题]

24.下列基础知识哪些是您基本具备的( )

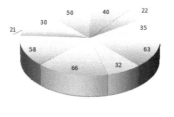

- A马克思主义理论　- B哲学　　C政治学　　- D教育学　　- E社会学
- F心理学　　- G管理学　　- H伦理学　　I法学　　- J其他

25. 您认为您的工作精力主要集中在哪个方面（　　）[多选题]

25.您认为您的工作精力主要集中在哪个方面( )

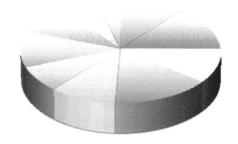

- A思想理论教育和价值引领　- B党团和班级建设　　　C学风建设
- D学生日常事务管理　　　- E心理健康教育与咨询工作　- F网络思想政治教育
- G校园危机事件应对　　　- H职业规划与就业创业指导　I理论和实践研究
- J其他

　　针对于科研方面，调查问卷数据显示：大多数辅导员发表的文章很少，因为工作任务繁杂的原因，也是无暇顾及科研方面，在从事科研工作方面还是比较缺乏热情的。有部分辅导员认为科研能力跟自己所处职业的关联性不大，更是认为自己的职业就是处理好学生日常事务和进行好思想政治教育，只要自己处理好本职工作，科研方面没有必要花太多时间，所以在科研方面缺乏一定的主动性和自觉性。

26. 目前您对贵校辅导员素质能力建设进展情况的看法是（ ） [单选题]

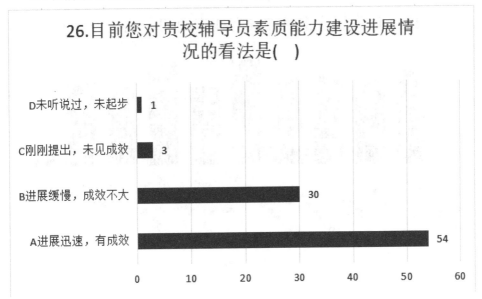

27. 您认为您应重点加强哪些方面的素质能力（ ） [多选题]

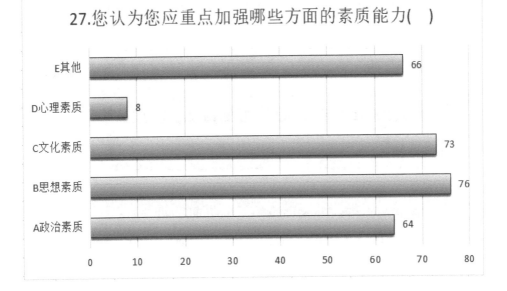

28.您认为您应重点加强哪些方面的职业能力（   ）[多选题]

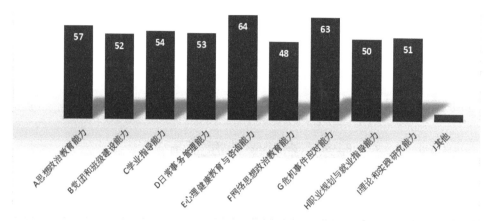

29.您认为您应重点加强哪些方面的专业能力（   ）[多选题]

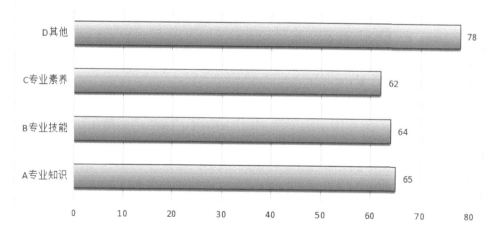

30. 您认为影响辅导员素质能力提升的因素有哪些？ [多选题]

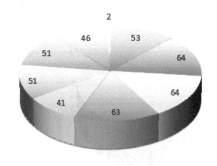

30.您认为影响辅导员素质能力提升的因素有哪些？

■ A社会职业认同感低　■ B学校管理体制不健全　■ C角色定位不清晰
■ D工作定位边缘化　■ E自我管理滞后　■ F辅导员队伍动态化
■ G职业发展规划不完整　■ H工作技能非专业化　■ I其他

31. 您认为当前辅导员素质能力提升遇到的瓶颈是（　） [多选题]

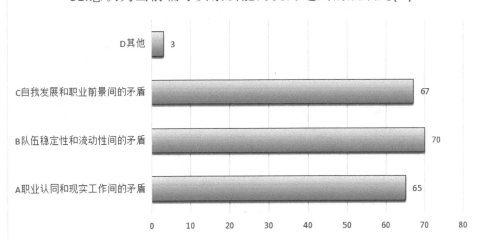

31.您认为当前辅导员素质能力提升遇到的瓶颈是(　)

32. 您认为提升辅导员素质能力的途径有（　　）[多选题]

32.您认为提升辅导员素质能力的途径有( )

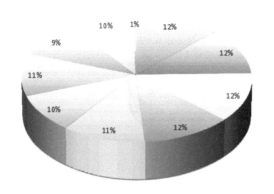

- A参加教育部辅导员培训项目
- B参与省市辅导员培训
- C学校设立较为系统的培训
- D提升自己科研能力
- E去其他高校考察和其他高校辅导员交流
- F院系之间轮岗或校外挂职锻炼
- G在工作实践中不断进行探索、反思和总结
- H建立固定的辅导员学习型组织

33. 您认为加强辅导员素质能力建设，最主要的措施是（　　）[多选题]

33.您认为加强辅导员素质能力建设，最主要的措施是( )

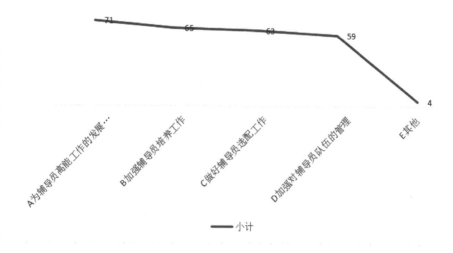

34. 您认为辅导员素质能力提升的着力点应放在（ ）[多选题]

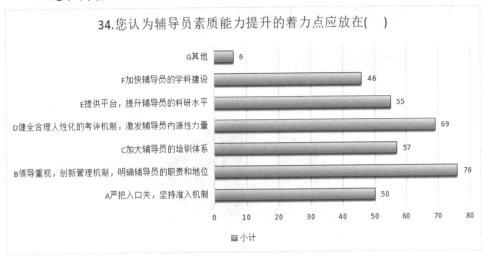

34.您认为辅导员素质能力提升的着力点应放在( )

辅导员素质能力包含着政治、思想、文化和心理四个方面，通过调查发现专职辅导员在专业知识方面还是比较欠缺的，而于思想政治教育学原理、思想政治教育史、思想政治教育方法论、思想政治教育心理学和心理健康教育相关知识与技能方面掌握的不是很好。在面对学生工作时，必须要具有业知识，目前辅导员队伍仍然以管理和服务学生为主，战斗在学生工作的一线，又因为辅导员队伍主要有专职和兼职构成，辅导员繁杂的工作占据了其大量的时间和精力，且专业背景的不同等方面的限制导致很多辅导员对思想政治教育领域研究缺少兴趣，这使得辅导员的思想政治理论素养落后于实践，专业知识不够影响其管理的科学性和全面性，不利于辅导员队伍职业能力的提升。受到各个因素的影响，各高校应加强和培养辅导员的选配工作，为辅导员的素质能力培养建设提供充实的保障。

3. 基于大学生视角测评海南省高校辅导员素质能力现状
第1题 您的性别（ ） [单选题]

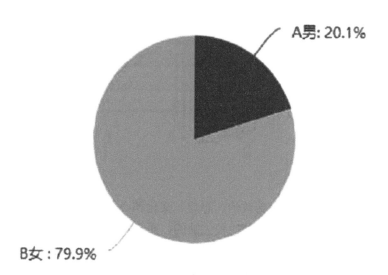

1.您的性别（ ）

A男: 20.1%

B女: 79.9%

第2题 您在哪所大学就读（ ） [单选题]

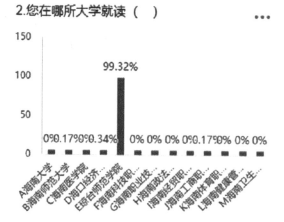

2.您在哪所大学就读（ ）

第3题　您所在的年级是（　　）　　[单选题]

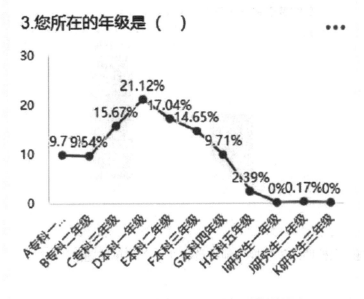

第4题　您所学的专业是哪一类（　　）　　[单选题]

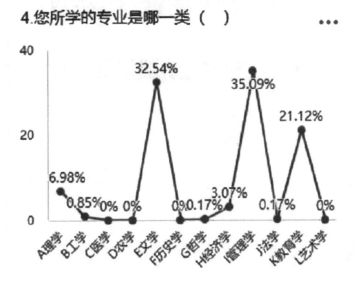

第5题 您是否是学生干部（ ） ［单选题］

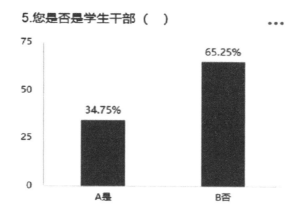

第6题 在校期间，您换过辅导员吗（ ） ［单选题］

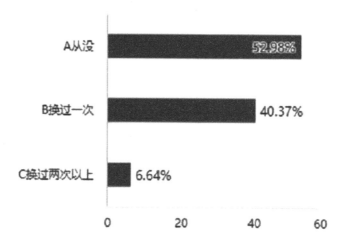

第7题　您感觉你们学院的辅导员对待工作的态度（　　）　　［单选题］

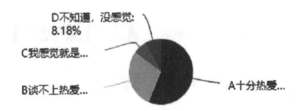

第8题　本学期，您的辅导员是否有主动找你谈话？若有，几次？（　）［单选题］

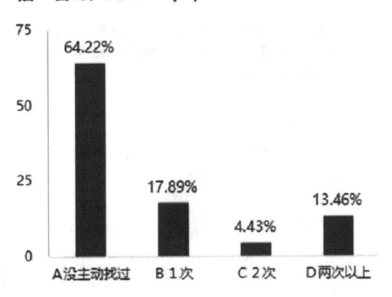

第9题 您的辅导员老师会针对每个阶段的不同特点对您进行阶段性指导吗（ ） ［单选题］

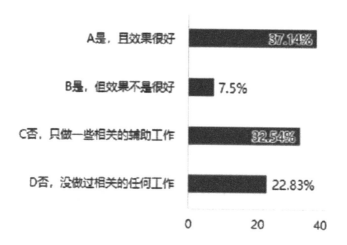

第10题 在指导党团组织开展主题活动或指导学生开展校园文化、艺术、体育等活动，你对辅导员的评价是（ ） ［单选题］

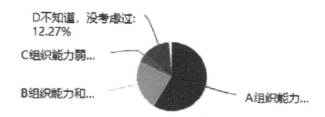

第 11 题　您的辅导员对第二课堂活动的参与度怎么样（　　）　　[单选题]

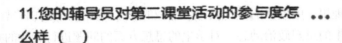

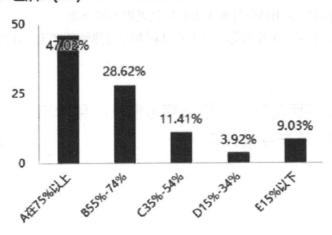

第 12 题　您的辅导员经常组织社会实践活动吗（　　）　　[单选题]

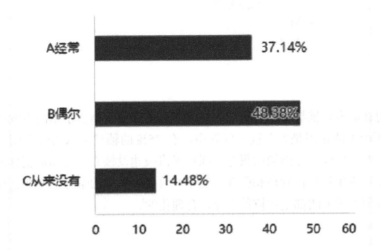

通过对学生的调查，可以看出辅导员都具有正确的政治取向、远大的共产主义理想信念、坚定的政治立场、高度的政治敏锐性，包括对学生进行中国特色社会主义共同理想、中国梦的宣传教育，都做的非常到位。但是在日常工作中也能准确把握学生的思想政治动态、对学生的思想方面的问题进行有效的指导、并能够为维护校园的安定团结献计献策方面还是做得不够全面。

第 13 题　辅导员工作对您增强专业认同和学习热情所产生的作用（　　）　　[单选题]

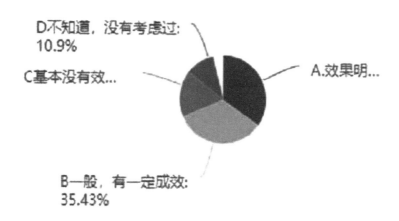

同时在对专职辅导员的调查中，在"您的工作对于增强学生的专业认同和学习热情所产生的作用是？"这一问题中，有 35% 的辅导员认为效果明显，这说明辅导员在班风建设方面做的很好，抓住了班级建设核心，要知道辅导员不仅仅要对学生日常生活进行管理和服务，更是要督促好学生的学习，专职辅导员在班风建设方面方式方法都是比较科学化、合理化的。

第14题 对学生学习生活中的不良倾向,辅导员的教育引导是(　) 　[单选题]

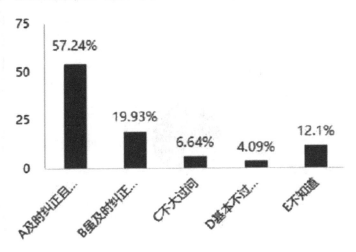

第15题　引导学生养成良好心理品质、优良品格方面,辅导员工作效果是
(　)　[单选题]

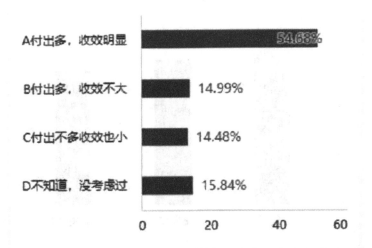

第16题 您的辅导员能否解决学生一般的心理问题或心理压力（ ） ［单选题］

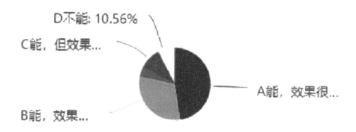

第17题 您的辅导员是否使用微博、微信等新媒体对您进行教育和引导（　　）［单选题］

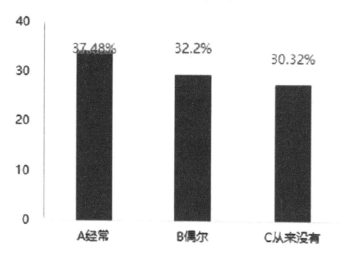

第 18 题　学生关心的校内外热点焦点问题，辅导员能否及时进行教育和引导（　）　［单选题］

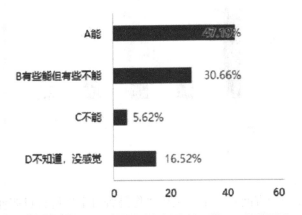

第 19 题　如果出现学生群体危机事件，辅导员会不会及时处理（）　［单选题］

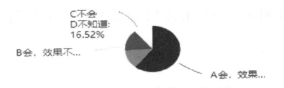

在本文对辅导员的问卷调查中，在"如果出现学生群体危机事件，您会不会按照预案去及时处理"这一问题当中，有 68% 的辅导员认为自己在面对危机事件时能够会及时处理，并且后面产生效果还不错，还是有 14% 的辅导员虽然会处理好危机事件，但是效果也是不佳的，说明辅导员们在这方面能力还是有待提升，在处理危机事件方面，当时能够处理固然是好事，但是更要注重后面的动向。所以兼职辅导员在这方面还是需要稍稍加强一下的。

第 20 题　您的辅导员为您做过职业规划和就业方面指导吗（　）　　［单选题］

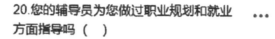

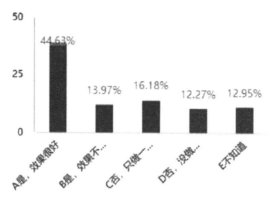

20.您的辅导员为您做过职业规划和就业
方面指导吗（　）

在对辅导员的调查问卷当中，关于"您是否对学生进行过职业规划和就业方面的指导"这一问题的调查，有 44% 辅导员认为对学生进行的职业规划和就业创业方面的指导还是非常有效果，达到了知道的目的，说明辅导员队伍的就业指导能力是非常强的，虽然有 13% 的辅导员觉得自己所做的指导工作效果不是很好，但是还是看得出来辅导员在指导学生就业方面做得工作是比较完善的。这说明辅导员在指导学生就业方面还是存在一定问题的，不是说辅导员对待学生不够用心，可能因为现在的学生太有自己的想法，而面对就业形势不是很了解，所以在找工作时容易眼高手低，好高骛远，这个时候就需要辅导员真正的去了解学生的内心。

第 21 题　您对辅导员科研工作能力的评价（　）　　［单选题］

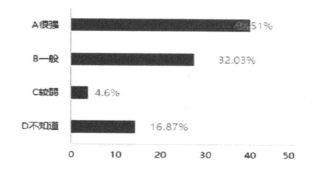

21.您对辅导员科研工作能力的评价（　）

第22题　您认为你的辅导员对下列哪些方面的工作比较熟悉（　　）（多选）
[多选题]

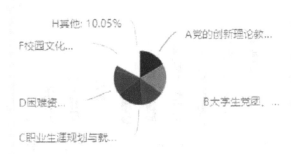

第23题　在您的校园生活中，您的辅导员通常发挥着怎样的作用（　）（多选）[多选题]

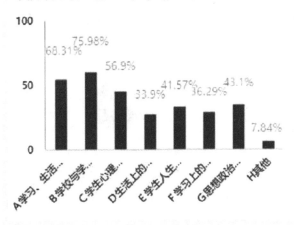

第24题　您认为您的辅导员工作精力主要集中在哪个方面（　　）（多选）[多选题]

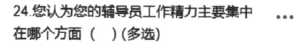

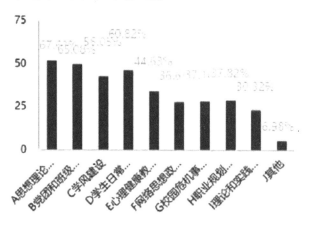

第25题　您希望辅导员对您进行哪些方面的指导（　　）（多选）　[多选题]

第 26 题　针对您的学习生活实际情况，您认为辅导员应重点加强哪些方面的素质能力？（　）（多选）　[多选题]

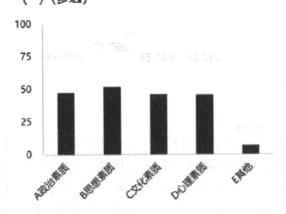

第 27 题　针对您的学习生活实际情况，您认为辅导员应重点加强哪些方面的职业能力？（　）（多选）　[多选题]

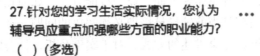

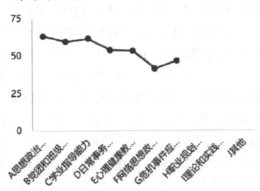

第28题　针对您的学习生活实际情况，您认为辅导员应重点加强哪些方面的专业能力？（　）（多选）　[多选题]

28.针对您的学习生活实际情况，您认为··· 辅导员应重点加强哪些方面的专业能力？ （　）（多选）

从学生的调查中反映出，不管是学生有什么样的问题，不管是学习还是生活中的问题，专职辅导员都能够很好解决，就体现出专职辅导员的专业能力是很强的，所以在班风建设方面做的很到位，不仅很合理处理学生的日常生活方面的问题，对于提高学生的学习兴趣、帮助学生掌握正确的学习方法方面做的工作也是非常到位的。

从本次调查可以看出，影响辅导员素质能力提升的因素主要有年龄、工作年限、月收入、培训方式、时间、制度等等。在内容上，学校针对辅导员的素质能力提升大多是政治理论知识、工作技能技巧方面的应用，没有针对辅导员各方面素质能力的培训，如健康体魄方面，业务技能方面。如何在有限的时间里开展最具针对性的培养内容是当前辅导员培训必须解决的问题。在方式上，绝大多数采用传统的理论讲解、专家讲述的方式。对于案例分析，社会实践等新型的培养方式采用的较少，但如今面对复杂的学生工作，这些传统的方式已不能满足辅导员日常工作的需要。在培训师资上，绝大多数是采用专家学者，相关培训机构的方式，而经验辅导员的传帮带却用的相对较少。但是为保障培训的质量及实用性，经验辅导员的传帮带是必不可少的，他能够用辅导员听的懂的语言，学的会的招式，用得上的技能来进行培训，以达到事半功倍的效果。在培训时间安排上，大多数培训都安排在双休日及寒暑假等休息的时间，一方面在一定程度挤占了辅导员的私人空间，另一面也造成辅导员的抵触心理，不能积极的参与到培训工作中。综上所言，现阶段的高校辅导员在自身的健康体魄、知识技能、人格魅力等方面的局限性，极大的限制了其工作积极性的发挥。另外，由于辅导员日常工作中要应对各种琐事，不能在完成既定的工作任务前提下及时掌握学生的工作动态，做好自身职业生涯的规划，这导致了高校辅导员队伍素质日趋低迷。针对这些问题，学校应继续给予辅导员相关知识技能的传授。在素质能力提升方面要注重创新，要结合时代热点，运用新的案例来传授知识；在方式上，增加社会实践，加大新媒体的利用程度；在考核标准上要创新考核方式，扩大实践考核比例；在师资队伍上，优选德高望重经验丰富的辅导员传帮带，多采用情景模拟授课，少讲空理论；在培训时间上，尽量不占用私人休息时间。

三、海南辅导员素质能力建设存在的问题及其成因

项目组采用自主编制的问卷，分别对高校管理者、一线辅导员和在校大学生进行了比较全面深入的问卷调查。通过对调查结果的系统分析与梳理，了解海南省高校辅导员素质能力建设总体状况，研究i发现，海南省高校辅导员的素质能力既具备一些可圈可点的优势，也存在着一些亟待解决的问题，接下来就海南省高校辅导员素质能力建设存在的问题和影响因素进行阐述分析。

（一）海南省高校辅导员素质能力建设存在的问题

1. 宏观层面

（1）职责不明晰，工作任务重

思想政治辅导员，顾名思义，应该是以思想政治教育工作为主要内容的学生工作者。高校辅导员工作内容涉及大学生的学习、工作、生活、就业、也理等诸多方面。然而，在实际工作中，只要是跟学生相关的工作，无一例外地都会落到辅导员头上，很多部门领导错误地认为，只要是与大学生有关的事情，都应摊派或分配给辅导员去做，辅导员除了学工处和院（系）布置的相关工作外，还要完成各级职能部口交办的很多份外工作。因此，在辅导员的日常工作中，高校辅导员的工作纷繁复杂，主次不分，职责不明，范围界定不清，很多辅导员抱怨连天但又无可奈何，由于辅导员较多的精力忙于应付工作，用于提升自身素质能力的时间减少，在一定程度上影响了整体素质能力的提高。

（2）认可度不高，挫伤积极性

大部分辅导员在学生时代都获得过"优秀学生干部""优秀奖学金"等荣誉。他们中的大部分刚入职时工作热情高，组织能力强，有干劲，有上进也。但由于学校对辅导员工作上的要求与给予的待遇极不相称，加上社会认可度不高，特别是高校部分领导和校内工作人员对高校辅导员送一职业不甚了解甚至有所误解，使得高校辅导员在校内成了弱势群体。在实际工作中辅导员得不到应有的重视、论资排辈现象严重，他们总觉得低人一等，时间一长，部分辅导员就对工作失去了热情和信心，严重影响了工作成效，更谈不上提升自身素质了。

2. 微观层面

（1）专业化知识不足

辅导员专业化发展需要专业的知识背景作为支撑，专业化发展的核心维度

是知识维度。高校辅导员不仅应掌握工具性知识、专业知识、学科知识、相关工作经验等显性的知识，也要拥有强烈的求知欲和终身学习的能力。所谓"学高为师，身正为范"，作为新时代大学生的引路人，具备扎实的知识基础、强烈的求知欲望和终身学习的能力是做好新时代高校思想政治工作的基础。

然而，在调查中发现，高校辅导员业务知识不全面，专业基本功不扎实，体现在一是开展辅导员工作所必备的心理学知识、职业规划学知识、思想政治教育知识以及教育法律法规知识的掌握不够系统全面；二是不能将所掌握的知识灵活运用于工作中，将自身知识用于解决现实存在的矛盾与问题的能力较为欠缺。

（2）科研能力有待提高

高校辅导员的工作归根到底就是做人的工作，如果没有先进的理论与实践科学作为指导，就很难激发出学生的潜力，很难保证育人工作的深度与厚度，高校辅导员进行科学研究具有极强的现实针对性。经过调查，我们不难发现，当前海南省高校辅导员的科学研究能力平均处于中下等水平。包括辅导员自己，也鲜少有认同自己是具备科学与研究能力，甚至有少数人直接表示自己目前不具备从事科学与研究的能力。

（3）网络思想政治教育能力存在短板

"做好思想政治教育工作，要因事而化、因时而进、因势而新"。[①] 随着互联网时代的到来，新时代的大学生面临的是一个全新网络新媒体时代，受到的思维观念影响和意识冲击也明显不一样。依托网络开展思政教育主要的作用在于使用新的渠道对学生进行正确的引领。然而我们在调查中也发现，高校辅导员的网络思想政治教育能力存在一定的短板，大部分辅导员表示自己不够具备网络思想政治教育能力。

（4）创新意识不强

与过往相比，自媒体时代、大数据时代的大学生具有更复杂多样的思想特点，也更具独立自主意识。高校辅导员作为高校开展思想政治教育的骨干力量，在大学生思想政治工作中具有不可替代的地位与作用。作为一名高校思想政治辅导员，必须适应新时代，符合新要求，树立新观念，成就新作为。从调查结果看，海南省高校辅导员创新性普遍不强，创新意识不够。不到一半的辅导员认同自身的创新素质。在大学生的问卷反馈中，选择认为辅导员很具有创新性的大学生较少。因此，要整体提升高校辅导员的素质能力，需要进一步加强辅导员的创新精神与创新意识的培育。

（5）身体素质欠缺

"身体是革命的本钱"，健康的身体素质是一个人从事其他各项工作的前提条

---

① 习近平在全国高校思想政治工作会议的讲话 [N]. 人民日报，2016-12-9.

件。综合调查结果我们发现高校辅导员的身体素质普遍较差。究其原因主要在于睡眠质量不高。高校辅导员的工作繁杂琐碎，被誉为是"万金油"。长期从事事务性工作占用了辅导员的休息时间。而高校辅导员作为高校思想政治教育的骨干力量，作为长期奋战在学生一线工作的专干，如果自身的睡眠质量得不到有效保障导致身体素质欠缺，从近期看会影响自身的工作绩效与职业发展，从长远看也无益于学生的成长成才，继而会影响着学校立德树人根本任务的落实。

（二）海南省高校辅导员素质能力建设的影响因素

根据调查研究结果，发现当前海南省高校辅导员的素质既呈现良好的发展态势，也面临着一些不容忽视的现实问题。为了增进新时代海南高校辅导员素质提升的针对性与科学性，首先必须要全面剖析影响高校辅导员素质提升的因素。因此，一方面需要我们全面分析高校辅导员素质表现良好的原因，以便更好的总结经验与全面推广；另一方面也需要我们深入剖析造成高校辅导员素质偏差的原因，以便更好的改进工作与指导实践。

1.高校辅导员素质整体良好的影响因素

生态系统理论认为，个人的成长与发展受周围所处环境的影响，按照个体所处的环境可以分为微观系统、中间系统、外层系统和宏观系统，并且这几个系统是相互嵌套在一起的，它们之间相互影响并与个体交互作用，共同影响个体的发展。基于生态系统理论，我们不难得出，高校辅导员素质形成的因素最直接的环境是自身环境，其次学校环境，最外层是校外环境，因此，我们可以将高校辅导员素质整体良好的影响因素分为三类：国家层面、学校层面与个人层面。

从国家层面看，当前辅导员素质呈现良好态势与辅导员相关的政策陆续出台是分不开的。一方面，通过梳理近十几年来我国辅导员的国家政策，我们发现，近 10 余年来，国家为进一步改进大学生思想政治教育与加强辅导员队伍建设，先后发布了 15 项与高校辅导员密切相关的政策文件。从国家颁布的文件来看，呈现出由原来的指导化与原则化文件朝着操作化、精准化与系统化方向转变。例如，2006 年，教育部颁布了《2006—2010 年普通高等学校辅导员培训计划》，该文件指出了当前辅导员队伍建设的紧迫性与必要性，按照八项任务、三项保障的总任务与总目标，分别并从横向层面与纵向层面对辅导员队伍的培训进行了长远的顶层设计。2013 年，教育部颁布的《普通高等学校辅导员培训规划（2013—2017 年）》总结了前五年的培训成效，文件还增加了三项培训内容：思想政治教育、专业素养提升和职业能力培养，这样就使得辅导员培训任务变得更为细化和更具有操作性。

2014 年《高等学校辅导员职业能力标准（暂行）》将辅导员划分为初级辅导员、中级辅导员和高级辅导员，每个等级的辅导员都规定了他们的工作年限、工作能力和工作内容。2017 年教育部新修订并颁发了《普通高等学校辅导员队伍建设规定》，着重强调辅导员的专业化职业化假设，细化了辅导员的工作职责，明确了辅导员的身份角色与工作内容，高校辅导员的师生配比等。这些国家政策的顶层设计，为新时代高校辅导员的素质提升提供了制度保障。另一方面，通过梳理近十几年来我国关于辅导员的培训制度，我们发现，国家对高校辅导员的培训投入、培训期望与培训标准越来越高。例如，在培训内容

方面，以前只是单一的培训制度建设，现在的培训内容包含了培训原则、培训目标、培训保障和培训经费等；在培训形式上，过去的培训形式比较单一，多是主讲老师的理论传授与知识灌溉，现在的培训形式包括党校进修、国内国外访问学者、攻读硕士博士学位等；在培训基地上，过去的培训基地比较单一，多是教育部或教育厅主导，培训基地多局限于课堂，现在的培训基地基本涵盖面从国家、省市区到地方学校三级层面；在培训周期上，现在的培训周期更加灵活性与多样性，有职前培训与在职培训、日常培训与专题培训相结合等。其中，职前培训可以提前熟悉辅导员工作内容与工作职责，提早进行个人职业生涯规划，从而减少新入职辅导员的迷茫与困惑期，在职培训既可以提高辅导员的学历层次，也可以提高辅导员的综合素质。因此，国家对辅导员培训制度的高度重视是新时代高校辅导员素质呈现良好势头的又一重要因素。

从学校层面看，学校的规章制度是影响辅导员素质提升的中观环境。科学合理的学校规章制度可以为辅导员素质的开发提供肥沃的土壤，反之，学校不利的规章制度或良好规章制度的缺失则不利于新时代高校辅导员素质的建构。例如在辅导员的选聘制度上。近年来，一些高校在进行辅导员招聘中，既严格遵循教育部的最新规定与要求，也结合本校实际情况进行了创新。既往文本分析表明，近年来高校在招聘辅导员过程中非常强调应聘者的政治、思想品德与价值观层面，例如，有学者通过追踪调查发现，有近 90% 的高校应聘辅导员时必须要求是中共党员的政治面貌，有近 50% 的高校要求应聘本校辅导员岗位的人员具有较强的政治理论素养[①]。各高校招聘制度的明文政策规定，为辅导员素质的良好奠定前提基础。此外，学校的培训管理制度、考核评定制度等也都能够激发辅导员提升自身素质能力的动力。与此同时，校园文化对辅导员职业选择以及职业发展至关重要。那些保守的、传统的校园文化会阻碍新理念的生长，阻碍辅导员素质的发展。相反，那些与时俱进的、开明的校园文化会促进教育新理念的引进和发展，从而会促进辅导员素质的提高。另外，校园文化中，和谐的师生关系、同事关系也会对辅导员素质的提升造成一定的影响。

---

① 杨玉华. 高校辅导员队伍建设现状探析——基于辅导员招聘条件的视角 [J]. 黄冈师范学院学报，2016，（01）：92-93.

从辅导员自身角度看，辅导员的个人认知、教育情感以及教育实践对辅导员素质能力的提升也产生着一定的影响。首先，辅导员对自身职业有一个明确清醒、全面客观的认知，是提升高校辅导员育人素质的先决条件。对这些内容的认知程度越高，越能知道通过什么途径提升个人的育人素质。其次，教育情感的形成，会使主体的教育行为更具原则性和坚定性，会影响着辅导员职业的选择性、坚持性以及辅导员工作的幸福感。第三，辅导员个人的教育实践也是影响其素质提升的一个重要的因素。由于每个辅导员的所工作的对象、工作的环境均不相同，没有一种放之四海而皆准的实践和方法。辅导员只有不断地开展个性化的育人实践，因材施教，自身的育人素质才能逐步地提升，才能肩负起新时代大学生成长成才的引领者角色。

2.高校辅导员素质存在偏差的影响因素

通过调查数据我们发现，海南高校辅导员在专业知识、科学研究能力、网络思想政治教育能力、身体素质、创新性等方面存在一定的不足。究其原因，主要体现在以下几点：

一是与辅导员招聘制度有关。《普通高等学校辅导员队伍建设规定》对辅导员的学识作出了明确的规定，要求辅导员不仅要具有思想政治教育工作相关学科的知识储备，包括理论性知识和实操性知识，还应该掌握有关法律法规知识。从目前各高校的辅导员招聘制度来看，高校一般会对选聘者的政治面貌、学历层次有严格要求，但是对辅导员的专业、辅导员的学科背景并没有严格要求，不注重考查辅导员的思想政治相关理论知识。一些本科、硕士研究生期间没有学过思想政治教育学或教育学门类专业的毕业生也走上了辅导员工作岗位，他们对理论知识的积累程度会影响辅导员的专业知识水平。

二是与辅导员自身的工作性质有关。号称学校里的"勤务员""高级保姆""救火员"等，学校什么部门的事情都可以找辅导员，甚至连学生不认识路线、学生饭卡挂失等琐碎的事务也会打电话咨询辅导员。事务化工作致使高校辅导员经常处于一种"奔波"状态，致使辅导员的绝大部分工作时间"不是在找学生，就是在找学生的路上"，日常事务中，他们不仅要下课堂、下寝室，还要进行校园危机事件处理。而理论学习更多的是作为一项脑力劳动，需要高校辅导员能静下心来分析和解决研究问题。

三是与辅导员自身意识认知有关。网络信息化时代，辅导员的思想政治教育工作不仅要针对线下，而且要面向网络，辅导员自身的网络素质是制约其网络思政教育能力提升的主要原因，主要体现在缺乏网络意识，缺少网络技能两个方面。有的辅导员表示自己的积极性不高、与学生的沟通较少，缺少对学生情况的动态了解，不熟悉学生喜闻乐见的网络语言与网络文化；网络思想政治教育意识不强，缺乏价值引领，网络文笔不够强，捕捉时政信息意识与能力都不够敏锐。

第三章 高校辅导员素质能力提升的使然路径

一、高校辅导员素质能力提升的困境与挑战

为了能够更有针对性地提出高校辅导员素质能力提升的现实路径，就要对目前辅导员们在提升自身素质能力时，所遇到的困境和挑战进行分析，如此，才更具有现实性、科学性、可行性和发展性。对于高校辅导员所面临的困境分析，将从个体本身和外部环境两个方面进行阐述，其中，由于个体自我分为外显自我和内隐自我，具有行为外显和心理内隐的特点，因此，从内隐层面和外显层面对个体本身进行分析会更全面。

想要了解一个辅导员素质能力提升所面临的困境，势必要先对群体特征进行分析。据数据调查显示，高校辅导员男性约占比30%，女性约占比70%；其中67%为研究生学历，33%为本科生，说明辅导员队伍中女性多于男性，且学历水平整体并不算高，职业准入门槛有待提升；从年龄分布上看，年龄在22—35之间的人数约占80%，而超过36岁的人数约占20%，由此数据可见，首先，辅导员队伍结构趋于年轻化，年龄结构不科学。其次，岗位流动性比较大，年龄稍长的辅导员倾向于不再继续当辅导员，而是选择转岗。最后，辅导员队伍年龄分布不合理，未能形成老、中、青相结合的最佳队伍结构；从职称分布上看，有初级职称的辅导员约占43%，拥有中级职称的占40%，副高职称1%，暂时还未定级的占比16%，可以发现拥有初中级职称的辅导员比重较大，未定级的人数比拥有副高职称的辅导员要多得多，说明辅导员队伍整体职称水平并不高；从职务情况看，职务在副科级约占5%，科级占比13%，副处级占比2%，无职务占比80%，数据说明了辅导员普遍职务较低，无职务占了绝大部分，辅导员职业在职务提升方面空间较小；最后，从辅导员学科专业背景看，辅导员最高学历为思想政治教育约占16%，管理学专业占13%，心理学约占7%，理工学类占比9%，文史类占比15%，艺术类占比8%，高等教育研究占比3%，其他如教育学、经济学、哲学、体育、社会学等占29%，可见，辅导员群体的学科背景较为复杂。

（一）从个体本身方面看

高校是培养社会主义接班人的根据地，也是大学生最能够接受思想政治教育的基地，在高校学生管理工作中，可以说思想政治教育是高校的生命线，是工作的重要环节，影响着大学生培养的整体素质水平。高校思想政治教育工作，从根本上说，就是要全面做好立德树人的工作，辅导员群体作为大学生思想政治教育的骨干力量，在其中发挥着重要作用。想要做好大学生的思想政治工作，就需要辅导员们具备很多能力和素质，要具有全局发展眼光和系统科学思维，要能把握新时代大学生所具有的突出特点和人格特质，不断更新、发展和运用大学生乐于接受的工作模式，有计划、有目标、有针对性地去开展思想政治教育工作。想要达成上述目标的重要前提就需要高校辅导员群体不断地进行素质能力提升和发展，但在实际工作中，这种职业素质能力提升受到了诸多限制。

1.行为外显层面

（1）思路与方法困境

由前文目前高校辅导员的年龄特点得知，高校新手辅导员所占比重较多。新手辅导员是指刚入职没几年，对工作内容逐渐熟悉，但是还未能形成自己独特工作方式的辅导员。新手辅导员一方面缺少丰富的工作经验，日常精力大多放在了关注工作内容上，对于自我工作经验教训的总结和反思比较少，还处于关注生存发展阶段，如此一来，对学生的思想政治教育工作就会缺少整体规划和部署，对工作方式缺乏创新性，工作思路也会受到限制。另一方面，新手辅导员入职时大概在30岁以下，这时期在个体的心理发展阶段里，处于对爱情充满向往，要发展对异性的亲密情感，体现亲密关系所带来的幸福感受，使爱情和婚姻得以实现，这使得新手辅导员们需要花费一些时间和精力在自己的生活建设上，缺乏对当代大学生所表现出的突出特点和思想动态进行分析，在与大学生实际交流工作中缺乏灵活性。最后，新手辅导员在面临层出不穷的学生问题时，如家庭问题、学业问题、人际关系问题、生活适应问题，甚至是这些问题同时在大学生身上出现时，会显得手足无措、无所适从，缺乏有效应对学生问题的方法和技巧，不能找到解决学生问题的关键和核心所在。

新手辅导员逐渐适应工作节奏，从实际工作中摸索出属于自己得心应手的工作模式，拥有丰富的学生工作经验，在遇到学生问题时可以淡然自若的去积极解决时，就蜕变成为了老手辅导员。此时，他们处于需要平衡和兼顾工作与生活的中年时期，生活负担和家庭压力使一部分老手辅导员在工作中感受到有心无力，想要摆脱现状却又不知该如何去做，只能安于现状，无法突破自我。还有一部分老手辅导员，他们根据对多年的学生工作经验进行总结和整理后，发展出一套独一无二的工作方式，运用这套工作方式使他们能够轻松应对各类学生问题，于

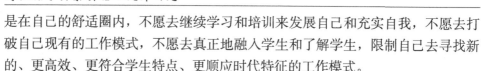

是在自己的舒适圈内，不愿去继续学习和培训来发展自己和充实自我，不愿去打破自己现有的工作模式，不愿去真正地融入学生和了解学生，限制自己去寻找新的、更高效、更符合学生特点、更顺应时代特征的工作模式。

（2）知识与技能困境

教育部43号令明确提出辅导员的基本条件之一是具备较强的宽口径的知识储备。高校辅导员所具备的知识理应是一个开放的体系，顺应新时代发展要求，就需要不断地进行学习和更新知识。如今，数据信息时代的到来，我们每天都在被各类网络信息席卷，知识更新周期的成倍缩短，在这种情况下，带给人们的就是新的知识恐慌和危机，继而造成了本领危机。另外，高校教育改革的快速发展、教育对象获取知识方式与途径的改变，要求辅导员不得不更新知识结构，不断发展和再构建新的知识体系。然而，有部分辅导员知识发展意识依然很薄弱，，没有学习和更新知识的意识，无法满足新时代高校立德树人的要求。韩泽春调查后曾说，"目前辅导员队伍普遍存在着对于知识掌握和运用不全面、不系统的现象，不及时对知识进行更新，不发挥知识应用能力、教育效果不明显的问题"。

在信息爆炸时代，个体想要在新时代拥有生存与发展机会，就需要对自身的知识结构提出要求，这种知识结构是动态的、可发展的，即是有不断更新知识的能力。辅导员们作为大学生在校生活中接触最多的高校教职工群体，并且肩负着思想政治教育的重任，决定了需要辅导员们的知识结构更新的更高效、更快速，这就要求他们除了拥有丰富的专业知识外，还有要开阔的视野和开放的胸怀，用心用爱去了解和关心学生，只有真正地知道学生的想法和关心的事物，站在学生的角度和眼界去看待思想政治教育，才能在日常生活与工作中将育人与思想教育化于无形之中。但在实际工作中，部分高校辅导员们自我学习能力较弱，缺少知识结构更新能力，缺乏对待工作的热情和高涨的学习状态，整日被繁重工作事务缠身，不会合理分配和利用时间，没有养成抽时间和挤时间也要认真学习的好习惯，还有部分辅导员进取意识不强，在舒适区中怡然自得，缺少上进心和责任心，甚至工作拖沓，这些都是导致辅导员们知识自我更新和建构能力不足的原因。知识更新能力的弱化，在实践层面往往体现为思维境界狭窄、理论穿透能力弱、教育观念落后，必然造成辅导员专业能力的停滞不前。

（3）能力与素养困境

思想政治教育是辅导员工作的主要内容，其职业对口专业理应为思想政治教育，据调查数据显示，高校辅导员整体的专业背景是较为复杂的，这可能是由于各大高校想要培养的人才是多样的，需要有不同学科背景的辅导员们对学生的在校生活、专业学习和就业创业进行指导，但这也造成了部分辅导员在专业可持续发展能力上有所欠缺，主要体现在以下方面。

一方面，部分高校辅导员入职后在专业发展上的后劲不足。高校辅导员的工作内容具有多职能和宽泛性的特点，由于接触到的学生是在成长和变化的，且学生不断受到新时代的熏陶和影响，就要求辅导员们要具有广博的知识，把专业理论和专业实践联系起来，具备宽口径的知识储备和多学科的知识背景。但在实际工作中，由于部分高校的辅导员入职门槛不高，对于辅导员学科背景不作特别要求，导致了一些辅导员在思想政治教育理论知识上的欠缺，在还没有系统地掌握思想政治教育理论时，就很迅速的接手和开始工作，造成了他们之后在专业可持续发展上的后劲不足。

另一方面，一些高校辅导员不能够明确自己的专业能力发展方向。由于辅导员的日常工作管理事务繁重，不仅要对学生的日常学习生活进行管理，还要组织开展思想政治教育实践活动，时刻关注学生动态，这使辅导员更容易把注意力放在解决学生实际问题上，容易忽略掉对于专业能力方面的提升，尤其是容易忽略思想政治教育能力的发展，这是本末倒置的行为，因为辅导员们的主要工作内容是对学生进行思想政治教育，如果不能够明确且持续补充和发展思想政治教育专业能力，那就大大降低了自己作为辅导员的不可替代性。只有辅导员群体在工作中表现出职业能力的核心内涵和专业能力的特殊地位，才能证明：不是谁都可以成为辅导员的。

①工作范围广且职能不明确

虽然教育部规定，高校应按照不低于1：200的师生比设置专项辅导员，且明确了高校辅导员的八大职责，但在实际工作中，辅导员们管理的学生往往更多，不仅要把思想政治教育贯彻和渗透到学生管理的方方面面，还需要解决大学生在校生活的所有事务。这些事务包括但不限于在校学生的日常管理、安全教育工作、评奖评优、心理健康动态、社会实践活动、职业生涯规划、学生党团建设、综合测评，以及处理学生人际关系问题等，可以说只要是关于学生的事情，就都与辅导员有关系，这就给辅导员们在入职后进一步提升和发展自己带来了困难，而且要顺利完成上述种种繁重工作，就要求辅导员们要拥有较强的工作能力和专业能力。有很多辅导员已经发觉自己的职业能力需要提升了，也想要去参加一些专业培训和思想政治教育理论的学习，但现实情况往往不允许，因为辅导员工作包含了很多周期性和事务性工作，往往需要集中工作一段时间才可以完成，这期间想要去进行职业能力提升是可行性不大的，如果高校在这期间，强行要求他们去进行自我能力提升，于辅导员而言，反而是额外的工作压力。还有一些高校，由于人员配备不足，会需要辅导员们在完成学生的日常生活管理和思想政治教育工作外，还要再做一些行政工作，这无疑会降低辅导员们的工作效率，还会影响他们发挥育人功能，使辅导员们难以专注于对学生的思想政治教育，连自己

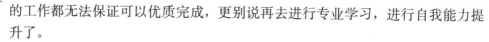

的工作都无法保证可以优质完成，更别说再去进行专业学习，进行自我能力提升了。

②双重身份定位的困惑

教育部24号令《普通高等学校辅导员队伍建设规定》明确指出：辅导员不仅具有高校教师身份，同时也具有管理者的身份，这一规定推动了辅导员队伍的专业化和职业化建设，与此同时，也加大了辅导员在双重身份下，自由切换身份应对工作的难度。这种双重身份使高校辅导员比不上专任教师的专业发展能力，在职级晋升上又没有行政管理人员快，身份和角色的不确定性大大削弱了辅导员进行专业学习和发展的意识，多重角色所带来的繁重工作，也使辅导员在素质能力提升方面表现的有心无力。除此之外，大部分高校都采用院校两级的形式对辅导员进行管理，辅导员们不仅要接受所在学院领导的管理，完成学院相关的各种工作外，也要接受学校各职能部门的安排和管理，及时地下达和落实各职能部门所分配的任务，配合和协助各部门更好的开展工作。通过访谈也发现，辅导员经常被称作"万金油"，是因为他们几乎要对接学校的所有部门，如果要问在高校中，哪类群体的人脉最广，那无疑是各位辅导员们，这种工作和管理模式使辅导员们疲于完成工作而无力顾及自身能力的提升，也违背了国家当初定位辅导员有教师和管理干部双重身份的初衷，本想给辅导员这一职业更多的发展机会，没想到反而造成他们工作压力过大的现状。

③教育科研意识不强且能力薄弱

《普通高等学校辅导员队伍建设规定》明确要求：辅导员要参加相关的学科交流活动，积极参与校内外有关思想政治教育的课题和研究。因为辅导员科研能力不仅关系到他们的职称评审和职级晋升，也关系到他们是否能有效开展思想政治教育活动。调查最近三年辅导员对外发表有关学生工作及思想政治研究的论文数量，发现没有发表过论文的人数占43%，发表过1—2篇的人数占36%；调查辅导员围绕学生工作而开展的项目研究情况，没有主持过科研项目的达到66%。由数据情况，我们可以得知，整个辅导员群体的科研和学术情况相比高校教师是比较少的，这也是辅导员群体在"双腿走路"时，在职称评审时，比较困难的重要原因。辅导员们的学科背景比较复杂，自身专业可能与要做的思想政治教育工作相关性不高，在思想政治教育研究上，专业基础较薄弱，对于自己不太了解的领域难免会有畏难情绪和心理，主动性较差，缺乏提高自身科研能力的热情。另外还有部分辅导员，由于工作压力大，没有太多时间留给科学研究，但是为了职称评审又必须要去做，就导致理论研究成果的含金量不高，对待研究课题的深层次探索不足，因此研究结果解决现实问题的针对性不强。

④工作内容复杂与工作方式单一的冲突

根据著名心理学家埃里克森的心理社会发展论，表明大学生处于获得自我同一性的阶段，即形成具有同一性的人格，是指青少年把自身的情感、需要、能力、态度、价值观整合成统一整体，由青春期的自我矛盾逐渐发展成整合的自我评价。因此大学生在校期间会有多种具有群体特点的需要，只有直接与他们接触的辅导员们满足这些需要时，才能促成大学生的自我同一性发展。首先，他们拥有急需融入社会，适应社会的愿望，这就要求大学生们必须拥有正确的人生观、世界观和价值观，使得辅导员们要提高自身的理想信念教育和价值观培育水平，引导大学生们坚持社会主义核心价值观，坚定理想信念，提高爱国主义精神的培养。另外，大学生需要拥有超强的学习能力来适应日新月异的信息化时代，而学风建设是辅导员工作内容的重要环节，这就需要辅导员熟练掌握各种新型的教学方式和手段，来培养大学生的学习自觉性和学习积极性，端正自身的学习态度，提高不断更新知识的能力。此外，大学生还需要拥有与人沟通和交往的能力，进入大学意味着适应全新的环境和组建新的人际关系网络，要学会与来自五湖四海，有着不同生活习惯的同学们好好相处和建立深厚的友谊关系，但由于中学时期的高压学习方式，使大学生们缺乏沟通技巧和化解人际冲突的能力，他们在人际关系受挫时不能够很好地排解情绪，从而导致很多突发的心理危机事件，这就需要辅导员们发展心理教育和心理危机应对能力，随时关注学生思想和行为动态，了解学生的人际关系网络，加强对学生心理健康知识的普及，提高大学生的心理韧性和弹性。这都体现了辅导员工作内容的复杂性和多变性，然而，还有很多辅导员依然采用单一的工作方式，不及时根据实际工作情况更新教育理念和学习新的教育理论，老套的思想观念会有损于辅导员对大学生思想道德水平、教育内容、教育手段的判断，无法保证大学生思想政治教育内容的科学性，导致教育效果不能达到期待。另一方面，高校辅导员队伍建设缺乏互助机制，未形成教育合力也是导致工作方式单一的重要原因，由于辅导员有八大主要工作职能，在实际工作中，为了能够更高效和有针对性地完成工作，辅导员内部会对工作内容进行分工，比如有的辅导员主要负责学生资助工作、班团建设、就业指导等，另外辅导员负责心理健康、学生实践、宿舍管理等，工作分块式管理容易使辅导员之间缺乏沟通和交流，没有形成互帮互助的工作模式，并且高校辅导员在遇到工作困难时，倾向于向本学院的其他辅导员进行求助，缺少向专业化团队求教的意识和主动性，如果高校辅导员们能够充分发挥团队优势，形成教育合力，扬长补短，相互促进，就能提高辅导员队伍建设的整体水平。

2.心理内隐层面

（1）自我评价与外部评价不匹配

在心理学概念中，自我评价是自我意识的一种表现形式，是指个体对自己的身心、能力、特点，以及自己所处的社会地位、与他人及社会关系的认识和评价。而辅导员不仅是一种职业，还是一个群体，高校辅导员不仅是以个体为单位，还是与高校管理人员、高校教师、大学生群体、其他辅导员形成的"共同体"。因此，对于高校辅导员工作的评价不仅包含了他们对自己工作的自我评价，还包含了"共同体"的外部评价。

辅导员工作成效的自我评价是指辅导员在自我价值体系的基础上，对于自己开展工作、实施工作以及验收成效的评价。而对辅导员工作成效的外部评价，是指高校其他辅导员与高校管理人员、高校教师、大学生群体所形成的"共同体"，基于他们对辅导员工作的价值判断为前提，对辅导员开展工作、实施工作和验收成效的评价。辅导员的自我评价是偏内省的，不仅会关注自己做了多少工作，这些工作对于学生的思想政治教育带来了多大影响，还会较多地关注到工作给他们带来的思想、情感、态度、行为及价值观的变化，这些只有他们自己知道。而以"共同体"为主体的外部评价，则主要是以辅导员的知识技能、工作方式、工作成果、是否失误、性格特点等相对外显且容易观测的变量对辅导员进行评价。在很多的高校管理中，过分看重高校管理人员及大学生对于辅导员的外部评价，偏向于用绩效考核、工作目标有无实现、受学生喜爱程度等因素判定辅导员的工作是否有价值，而对于辅导员们本身的思想、态度和行为上面的成长视而不见，这种以外部评价为主导的评价体系，长期忽略辅导员的内在发展需要，就会引发辅导员群体对于自我素质能力提升的抵触心理。

（2）自我效能感缺失

自我效能感是著名心理学家班杜拉提出的一个概念，是指个体对自己是否有能力成功完成某一目标的推测和判断，即个体自身能否利用拥有的技能和才能完成工作的自信程度。相信许多辅导员在从事这个职业之前，都是怀着立德树人，引领学生思想政治教育不断发展的崇高目标，然后随着工作时间和年限的不断增加，越来越多的辅导员开始忘记从事这一职业的初衷，在工作中体验到了无力感。原因是长期以来，辅导员们工作职责不明确，受多个部门管辖，使他们经常需要随叫随到，加班加点已成习惯，工作繁重且压力大，面对学生工作要事无巨细的去处理和安排，辅导员工作逐渐"保姆化"使他们不管在工作、生活以及家庭中都感受到较少的控制感，在对学生的思想道德教育引领上逐渐丧失信心和兴趣，这可能是因为辅导员的育人工作主要是在对学生潜移默化的影响中实现的，工作成果不会那么快就显现出来，学生的发展和成长也需要时间，这难免会让辅导员们在工作中感受到挫败，在一定程度上也会引起辅导员的自我否定心理。另外，辅导员在工作中会有矛盾心理，一方面有提升自我职业发展的需要，另一方面也有想要转岗晋升的意愿，这种矛盾心理和情绪会导致辅导员们在职业发展规划上犹豫不决，工作久了，自我知识储备被消耗殆尽，就会使辅导们不得不选择更换职业或者转岗。

（3）职业认同感不高

职业认同感是指个体对于自己从事职业的肯定性评价和积极性情感，是个体认为本职业能够实现自我价值，工作具有意义的感受，包括情感认同感、规范认同感和持续认同感三个部分，职业认同感的高低会影响个体工作的效率和情绪。在实际工作中，导致辅导员职业认同感不高的因素主要如下：首先，辅导员对于这一职业本身不热爱。虽然如今国家非常重视辅导员的个人职业发展问题，也制定了各种相关的扶持政策，但还是会有很多毕业生把选择辅导员职业作为自己的备选项，只有在找不到与本专业相关的工作时，才会考虑去应聘辅导员，或者把辅导员作为自己的过渡职业，在拥有其他机会时就会选择跳槽，把辅导员职业作为自己理想职业的毕业生少之又少，这就导致辅导员在实际中的工作动力不足。其次，辅导员对从事这一职业的意志力太薄弱，辅导员在日常工作中会面临各种各样的压力，比如学生之间的矛盾问题、职称评审问题、职级晋升问题、部门间沟通问题等，再加上很多高校对于辅导员的工作压力问题，没有提供相应的心理支持和调解，这些都会消耗辅导员的工作意志力和动摇辅导员工作的初心。最后，辅导员对从事这一职业的信念不坚定。辅导员最重要的工作内容就是对学生进行思想政治教育，但是有部分辅导员对工作的职业化、专业化发展存在困惑，对党史不了解，对中国特色社会主义道路、制度、理论不坚定，并把这种想法带到思想政治教育工作中，给学生带来的是缺乏灵魂和形式主义的教育，这无疑会影响学生的价值观和人生观。

（4）自我追求感较弱

辅导员作为学生成长路上的"引路人"，对学生起着价值引领的作用，那辅导员的职业追求感就显得尤为重要，因为如果对职业没有追求，就缺乏动力去不断提升自身、更新专业知识以及发展自我，尽管目前社会对辅导员这一职业的认可度逐渐增加，辅导员社会地位日益增高，但是辅导员对于职业本身的认同度却不容客观。通过对周围辅导员的访谈发现，辅导员普遍关心的问题是学生在大学期间的思想政治成长和职业发展规划，只有一小部分辅导员提到了个人职业发展方向和自我能力提升规划。

在高校辅导员队伍建设的规划中，国家规定高校辅导员与学生在遵循1：200 的配比进行人员配置，就是为了避免给辅导员带来太多工作压力，可以有时间和精力去进行能力提升和自我实现，但现实总是残酷的，由于现在许多高校扩大招生，辅导员队伍的增幅比不上学生的增加数量，就导致辅导员工作量剧增，要管理比国家规定学生数量的好几倍，高压的工作任务最终会磨灭辅导员的职业追求感。在由马斯洛提出的需要层次理论中，只有在满足生理需要、安全需要、爱和归属感需要、尊重需要后，人们才会有想法和动力去进行自我实现，而辅导员们的工作与生活分不开，为满足低层次需要已经累的身心疲惫，又怎么会想着去提升自我继而实现自我价值呢，个人角色定位的混乱和自我追求感的降低都是影响辅导员进行素质能力提升的根本原因。

（5）职业理想与现实差距的冲击

职业理想是指个体对于自身职业的追求和憧憬。在实际工作中，会有很多因素影响个体的职业理想，如个人的兴趣爱好、素质能力、知识水平、个人眼界、职业归属感等。若个体的职业理想与现实生活之间的差距，个体觉知到是在可控制范围内，那么这个差距可以成为个体职业能力提升和不断进取的动力，但如果这个差距过于悬殊，使个体望而却步，那么他会从这个差距中体会到挫折感，影响工作自我效能感，甚至会感受到习得性无助，这会导致个体彻底丧失对于工作的热情和努力。

近年来，国家一直强调要使辅导员队伍更加地职业化和专业化，建立了很多的辅导员工作室，这一举措促使辅导员有了更加明确的职业规划，有了更多可供选择的职业发展道路，但这并不代表对辅导员的职业要求变低了，相反地，辅导员职业发展的各个方向都对他们的知识储备和能力素养提出了很高要求，只有坚定发展信念、全力以赴、不断学习才可能在一条道路上有所建树。辅导员群体是有着多学科背景的一支队伍，辅导员工作的根本任务是立德树人，对学生进行思想政治教育，但是具备马克思主义理论和学生管理相关专业背景的辅导员占比并不多，原专业对于辅导员实际工作可能毫无用处，绝大多数辅导员都是在工作后，才开始学习相关的学生事务管理和提高思想政治水平，但是探索和学习全新的专业领域需要耗费时间和精力，而辅导员的日常工作既琐碎又复杂，这就为系统学习和培训带来了困难，辅导员们大多只能从实际工作中进行经验总结与摸索，但是学生思想是动态变化的，是不断成长和发展的，现有经验很难满足实际学生工作需要，也难以解决学生复杂且多元的思想问题，特别是在新冠疫情爆发之后，对于学校管理和学生管理工作提出了更高要求，带来了更高挑战，辅导员们需要用更加专业地手段和眼光去解决学生就业创业、危机应对、填报数据、心理疏导问题，这种职业理想与现实选择的差距，导致辅导员们工作到一定年限就会选择被迫或者主动转岗。

（二）从环境方面看

1. 大数据时代对素质能力提升带来的冲击

在传统视角下，辅导员之所以可以成为大学生的管理者和教育者，是因为辅导员的权威地位，这种地位主要来源于知识信息和身份地位的差距，即辅导员们拥有更多的知识和能力，以及处理学生各种事务的权利。然而在大数据时代，数字信息呈爆发式增长，我们轻而易举就可以得到很多信息，并且大学生作为乐于接受新鲜事物、思想活跃开放、敢于质疑权威的特殊群体，他们可以通过网络掌握到前沿知识和信息，逐渐开始改变与辅导员之间所拥有知识信息的差距，甚至可能比辅导员吸收的知识更多更广，若辅导员不迎头直追，就很有可能被大学生远远甩在身后，由此撼动了辅导员的教育者地位。并且由于大学生获得信息的真实性和可靠性并不能保证，加之他们的思想和心理都处于动态的、不成熟的状态中，还存在随大流、盲从、逆反的特点，难免他们不会对信息加以甄选，受到虚假信息和思想的毒害，这无疑是高校思想政治教育工作的一大挑战。

从另一角度看，大数据技术的核心是拥有预测能力，这也为辅导员们的日常工作带来了便利，因为思想教育工作者可以借助于网络对教育对象的思想和行为特点进行数据分析，从而制定更有针对性的思想政治教育方案，比如每年新生刚入学时，高校就会开展新生心理测评，通过问卷调查研究，大数据分析的方式，系统会筛查出重点关注对象，辅导员们可以根据名单对学生进行心理约谈，以此来发现有心理问题的大学生，并为他们提供相应的帮助。辅导员们借助于大数据工具来预测学生可能会出现的问题，从而提前进行预防或解决，将不良现象直接扼杀在摇篮中，这当然是大数据时代的优势。但同时它也会带来很多问题，收集学生数据并对此进行分析和行为预测，这里面难免会涉及到学生的隐私问题，如果辅导员在收集数据前，没有告诉学生收集数据的意图和用处，且没有征得学生的同意，那就可能侵犯了学生的隐私权。此外，大数据分析会降低辅导员的自我反思能力和归纳总结能力，只需要动动手指就可以得出分析结果，那么他们在工作时会依赖于生硬的数字，甚至会直接对学生进行分类，给学生贴标签，如此一来，就忽略了学生的个体差异性和身心发展性，这样的工作方式缺少关怀和人情味。最后，大数据分析只会告诉辅导员们会出现什么样的现象，但对于出现这种现象的原因是不会有所显示的，在学生工作中，辅导员们不仅要看到大学生的行为结果，更重要的是要知道为什么出现这样的思想和行为，只有更加看重行为原因和行为过程，才可以从根源解决学生不正确的思想和行为。因此，大数据时代的来临，与其说是减轻辅导员工作压力的工具，还不如说是对辅导员素质能力提升提出了更高期待和要求。

2.高校资源供给不足

每一种职业，每一类人群，都有其特点，相应地，他们也会有属于自己的个性化需求，辅导员既是一种职业也是一类群体，他们的个性化需求主要受其年龄结构的影响，目前辅导员群体的年龄构成偏年轻化，80后和90后占大多数，这使辅导员队伍充满了活力和朝气，他们的个性化需求主要体现在以下几个方面：首先，要增长理论知识，提高工作能力。国家要求辅导员在工作中的角色定位应是大学生的知心朋友和人生导师，知心朋友意味着辅导员们要把大学生看成独立个体，与学生平等相待，平常多与他们交心和谈心，了解学生心中所想，用自身人格魅力和情绪价值感染学生。人生导师是指辅导员要对大学生有思想政治教育上的引领，树立正确的价值观，要教会学生进行职业生涯规划，明确未来发展方向。这两种角色都需要辅导员拥有过硬的知识储备，秉承因时而进的工作理念，掌握科学的工作方法，学会严谨的工作态度，静心并创造性地开展学生工作，解决学生日新月异的实际问题。其次，是要得到职业化专业化专家化的发展。辅导员队伍专业背景构成复杂，基本上涵盖了各个学科，这符合教育局对辅导员应拥有宽口径知识储备的要求，加之，辅导员队伍人员流失严重，高校职能部门会从辅导员队伍中抽调行政管理人员，在很大程度上破坏了辅导员工作的连续性，都说明了辅导员队伍专业化发展需要高校提供必要的资源支持。辅导员的职业化是指要对辅导员工作内容进行明确的划分和界定，不能让各位辅导员一直在没有边界感的工作着，没有边界感就意味着没有安全感，这会造成辅导员巨大的工作压力和焦虑，导致思想教育工作缺乏针对性。辅导员工作职业化和专业化是专家化的前提，只有在某一领域不断地学习、钻研、总结、反思、成长，才有可能成为相应领域的专家，这是辅导员队伍建设的重要目标。最后，是要满足辅导员的职业发展规划。辅导员在实际处理和管理学生事务中，自身素质和能力会有很大的提升，在拥有一定的工作经验后，就会对职业发展进行规划，辅导员是"两条腿走路"，职业方向可选择性更多，辅导员们会根据自己目前的工作情况，再加上自身的职业理想、兴趣爱好、人生追求等，选择是职级晋升，还是职称评审，又或是去攻读学位或者转岗。

尽管辅导员们有职业能力提升的个性化需求，但高校对辅导员发展供给不足仍限制了他们的发展空间。思想政治教育、教学和科研是高校主要职能，这三大职能本应齐头并进、相互促进，然而，还是有许多高校出现重科研和教学、轻思想政治教育的现象，一方面是因为科研和教学较外显和好评估，而思想政治教育工作难以量化，思想政治教育是指影响学生形成正确的道德规范、思想观念、意识形态、政治立场等，这在一定程度上不具有量化的特性，目前没有外显形态进行评估，难以体现高校的工作成果，而科学研究可以根据课题申报量、著作发布量、刊物发行量等来量化，教学可以根据学生满意度、教学质量评价、教学比赛、学生成绩等进行考量。另一方面，高校目前存在学科建设的功利化思想，很多高校只关注学生的就业率升学率，能否早日申"大"申"博"，能否跻身一流大学，一到本科评估时就应付了事，盲目追求师资质量、学科数量、学生构成，把教育资源向科研教学大量倾斜，把科研数量与职级晋升挂钩，尽管承诺要提高教职工待遇，但是连辅导员办公场所的硬件设备和办公环境都不能保证，又如何能保证可以为辅导员提供素质能力提升的资源。除此之外，高校内部对于辅导员群体的角色还存在误解，辅导员对学生成长起着至关重要的作用，也承担着学生的教育者、管理者和服务者身份，部分高校过分关注辅导员的服务者身份，认为只要是学生的事情，就都与辅导员有关，学生一有问题，就让辅导员们立刻赶到现场解决，这样就忽视和削弱了学生的独立性和自主性，甚至高校部分职能部门也把辅导员们当作服务者，下派很多任务和工作。还有一些专任教师认为，辅导员对于学生价值引领和思想教育的作用微乎其微，高校应该把目光集中于教学上面。这些对于辅导员角色的错误认知，导致辅导员群体逐渐沦为高校工作的"工具人"，高校无法满足辅导员的发展需要，使他们对职业追求逐渐丧失信心和动力。

　　3. 职业能力标准量化考评有局限

　　《普通高等学校辅导员队伍建设规定》中明确了辅导员工作的八项职能，教育部发布的《高等学校辅导员职业能力标准（暂行）》中，对辅导员职业能力进行了初级、中级、高级的划分，三个标准依次递进，高级别包含低级别的要求，并从思想政治教育、党团和班级建设、学业指导、日常事务管理、心理健康教育与咨询、网络思想政治教育、危机事件应对、职业规划与就业指导、理论和实践研究九个方面进行细分。此外，各高校根据教育部文件，再结合本校实际情况，设置辅导员相关工作准则和规定，对本校辅导员的工作标准进行再细分和应用。尽管如此，只能参考这些文件对辅导员的工作能力和管理水平进行评价和评级，因为辅导员的主要工作职责是立德树人，对学生进行思想政治教育，思想教育工作的工作量和实际成效难以用数字量化，日常奖助贷补工作、学生升学率和就业率还可以用人员数量和数字来衡量辅导员的职业能力，学生管理工作可以用速度和质量评定，但辅导员平常对学生的就业指导、生涯规划、谈心谈话、思想引领、价值观塑造等，只要是涉及到需要辅导员与学生沟通的工作事宜，就很难去评定，既不能以谈话时长和次数来衡量，也没有一个有效的工作成果指标，更没有严格意义上的沟通好坏之分，因为哪怕辅导员的言语和行为再真诚可靠，学生能否真正领悟和吸收却难以保证，并且思想成果是需要时间显现的，然而辅导员职业能力评定大多都是一年一次，很难把思想教育和价值引领上的工作成果体现出来。以上原因，给高校辅导员职业能力评定带来了不少困难，致使许多辅导员

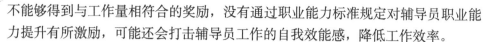

不能够得到与工作量相符合的奖励，没有通过职业能力标准规定对辅导员职业能力提升有所激励，可能还会打击辅导员工作的自我效能感，降低工作效率。

4. 高校缺乏相应的激励机制

激励机制是指通过特定的管理体系和方法，把员工能做好工作的承诺最大化的过程，是企业和单位想要提高工作效率，实现远大理想的必要工具。包括工作激励、精神激励、薪酬激励、荣誉激励。对于高校辅导员群体，所在高校的激励机制是能够影响辅导员职业能力提升意愿的最大因素，因为激励机制的实现与优劣，会影响辅导员的工作效率、工作态度、工作方式、工作行为。如果高校的奖励机制能够切实满足辅导员的需求点，在辅导员职业能力提升方面制定科学且明确的奖励标准，而不是把职业能力提升看作是辅导员的日常工作内容，那肯定会大大提升辅导员的职业能力。通过访谈发现，一些辅导员认为高校的奖励机制变得更苛刻和严格了，虽然这么做是有意义的，就是防止高校出现不公平情况，滥用激励机制导致管理混乱等，但同时也导致许多辅导员得不到相应的回报，降低他们的工作积极性。还有一些女性辅导员，她们不得不把工作和家庭进行平衡，也许男性辅导员在面临高压的工作下，可以全力以赴，把重心放在工作能力提升方面，去参加一些竞赛，指导学生的创业项目等，但是女性辅导员由于要承担更多抚育下一代的责任，她们在工作上需要花费更多的时间和精力，才能做到和男性辅导员同样的水平，然而高校对于女性辅导员并没有提出个性化的激励机制，而是和男性辅导员平等相待，这就使女性辅导员对未来职业发展产生更多的焦虑，降低工作效率。同时数据表明，对于高校奖励机制的完善性，有 30% 的辅导员认为很重要，约有 50% 的辅导员提及奖励机制会影响工作积极性。可以发现，激励机制是有效影响辅导员工作积极性和主动性的因素，建立完善的激励机制，有利于辅导员提升职业素质和能力。

5. 培训机制建设不完善

由于高校辅导员队伍专业背景组成较为复杂，很多辅导员都不是马克思主义专业或者教育相关专业毕业的，因此为了让新入职辅导员们能够更快地熟悉工作内容，现在有很多高校会在入职前组织进行工作培训，但是都没有一个较为专业的标准去衡量这个培训究竟是否科学和有效，造成很多高校为了省时省力，所谓的岗前实习和培训，是直接让有经验的辅导员带着新入职辅导员去上手工作，让他们积累工作经验，从做中学，但这也会造成一些问题，就是急于求成化的赶鸭子上架，让缺乏有关思想政治教育专业理论系统学习的新手辅导员，直接去给学生做思想政治教育工作，可想而知教育效果欠佳，新手辅导员们往往也都是没有底气的，这会打击他们对于教育工作的热情。除了岗前准入机制的专业培训外，在职期间不断进行培训和学习同样很有必要，因为面对日新月异的学生和层出不穷的新问题，辅导员们要是想达到立德树人的目标，就必须要不断更新知识和提升自我才能追上时代和学生的脚步，给学生带来一定的影响力，并且辅导员们工作任务重且杂，日常很少能够做到相互交流工作经验，进行反思和总结，组织进行培训还可以加强辅导员之间的沟通和交流，这是因为专业培训一般是以一个高校或者几个高校联合举办的形式进行，这就给各位辅导员们提供了交流平台和机会，能够更好地取长补短投入到个人工作中。然而，目前我国高校辅导员专业培训机制并不完善，很多培训都针对的是骨干辅导员或者优秀辅导员，这种名头会使培训变得不大众化，不能够切实帮助辅导员们解决实际工作问题，还有一部分是全体辅导员都可以接触的学习课程，大多依托的是网络进行，被称为辅导员网络学院，虽然它提供了一个学习平台，且具有学习延时性，可以保证所有人都可以进行学习和培训，但是这种方式的培训难以控制诸多因素，导致效果欠佳。现在有一些高校会有意识地定期举行不同职业能力的线下培训，希望能够提供机会和督促辅导员们进行职业能力提升，但是这种培训往往会放在周末甚至节假日进行，以剥夺辅导员们的休息时间为代价，不满足他们的实际生活需要，会造成辅导员们的抵触情绪，用应付的态度去完成培训，因此高校在组织专业培训时应以人为本，切实考虑到辅导员们的真实想法，保证他们的休息时间，使辅导员们能够学有所得。

6. 高校实际执行国家政策的落差

国家高度重视思想政治队伍建设，为确保高校立德树人的根本任务，制定了一系列较为完善的制度和体系，但在高校实际执行辅导员队伍建设的相关政策时，却出现了很多政策无法落地的情况，主要表现在以下方面：首先，教育部 24 号令规定了辅导员可以"两条腿走路"，既具有教育者的身份，又拥有管理者的身份，这本来是希望可以给辅导员多种职业生涯规划选择，据调查显示，辅导员队伍整体偏年轻化，80% 的辅导员年龄在 30 岁左右，年龄梯队较集中，且多数辅导员都只拥有讲师职称，这可能是因为有些高校在职称评审上，不会考虑到辅导员的特殊身份，存在把辅导员与思想政治理论课专业教师及党务工作者一起竞聘的现象，没有实现"三个单列"的要求。在职级晋升上也存在很多阻碍，虽然有超过 60% 的辅导员拥有专业技术职务，但这些职级主要集中于初级和中级，拥有副高及以上职级的还不到 10%，辅导员职级晋升的比例远未达到《能力标准》所规定的，高校倾向于提拔和晋升行政管理人员，可能主要是因为干部职数有限，而且培养一个优秀的一线工作者实属不易，导致许多辅导员工作多年都没有得到相应的职级，使辅导员遇到职业发展瓶颈期，这必然会影响辅导员队伍稳定性。其次，关于高校配备辅导员人数，教育部 43 号令明确规定应不低于 1：200 的师生比设置一线专职辅导员岗位，然而实际调查发现，很多高校仍然存在

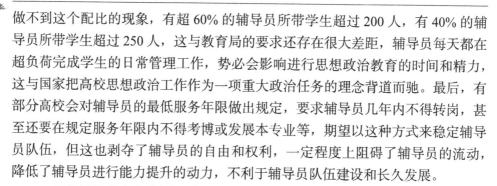

做不到这个配比的现象，有超 60% 的辅导员所带学生超过 200 人，有 40% 的辅导员所带学生超过 250 人，这与教育局的要求还存在很大差距，辅导员每天都在超负荷完成学生的日常管理工作，势必会影响进行思想政治教育的时间和精力，这与国家把高校思想政治工作作为一项重大政治任务的理念背道而驰。最后，有部分高校会对辅导员的最低服务年限做出规定，要求辅导员几年内不得转岗，甚至还要在规定服务年限内不得考博或发展本专业等，期望以这种方式来稳定辅导员队伍，但这也剥夺了辅导员的自由和权利，一定程度上阻碍了辅导员的流动，降低了辅导员进行能力提升的动力，不利于辅导员队伍建设和长久发展。

7. 高校辅导员专业化团队建设尚未完善

专业化是指把一种职业从谁人都可做发展成专人能做的过程，即是从业人员的专业品质和专业能力不断提高和发展，专业素质和专业结构不断优化、更新的过程。人才是提高某一职业专业化的必要前提，也是辅导员队伍朝向专业化道路前进的动力。目前高校选聘辅导员这一职业的主要方式，有本校的优秀毕业生留校或者去其他高校招聘优秀毕业生担任辅导员，这种方式较为方便且最大化地保证辅导员的队伍质量，辅导员队伍本应该已经实现专业化职业化发展了，但是受很多因素的综合影响，高校辅导员队伍建设目前陷入了困境，仍未形成较为成熟的辅导员专业化建设机制。

首先，目前没有一所高校开设专门的辅导员专业，就是去专门开设培养辅导员八大工作职能的课程，并且也没有专门的辅导员培训和进修机构，现在能够招到较为对口辅导员这一职业的专业多为马克思主义专业和教育类相关专业，这就导致从源头开始，辅导员这一职业就不是专业化的，高校辅导员专业人才培养是缺失的，而人才选拔也只是停滞在选留优秀毕业生的阶段，有关辅导员专业人才的培养与选拔没有形成相应的体制，那么辅导员团队就会缺乏专业性保障。其次，无法保证专业化培养的源头，还可以从专业化培养的过程入手，就是对辅导员个人和团队进行培训和进修，这可以保证辅导员在入职后要拥有思想政治教育相关理论知识和进行学生日常事务管理的能力，虽然现在很多高校都会制定符合本校实际、切实可行的辅导员培训制度，但是距离专业化、系统化和科学化的培训机制还是有一定差距。此外，辅导员队伍经常处于不稳定的状态，一方面是因为辅导员会进行院系内沟通和交流，院系间的交流较少，辅导员队伍未形成合力，另一方面辅导员们可能会因为个人工作需要或意愿进行工作岗位调动，导致不能够持续接受专业化培训和发展，这些都会阻碍辅导员团队的专业化建设。最后，高校辅导员队伍专业化建设目前还停留在探索阶段，没有成熟的培训和发展模式，也没有相应的制度支撑，并且辅导员职能不明确，工作内容多且杂，高校留给辅导员的发展空间有限，这些对辅导员的专业化提升都非常不利。只有建设完善的辅导员队伍专业化发展机制，高校对于辅导员专业成长上的困难加以重视，并留给辅导员足够的发展空间，才会有助于辅导员的专业化提升和发展。

二、辅导员职业能力提升路径

（一）国家政策制度的顶层设计

1.凸显辅导员思政教育主体地位，发挥辅导员思政骨干力量

我们党历来高度重视高校思想政治工作，探索形成了一系列基本方针原则和工作遵循。作为学校思想政治工作的一支专门队伍，辅导员是高校思想政治工作的骨干力量，在加强和改进大学生政治教育中起着不可替代的作用，要明确辅导员的角色定位和核心作用，按照辅导员职业能力标准要求，使辅导员能够摆脱繁杂的事务性工作，将工作重点放到思想政治教育工作的角色中来，发挥育人的核心作用。

（1）明确辅导员角色定位

针对长期存在的辅导员角色模糊和地位不明的问题，政府部门要通过完善规章制度，对辅导员的工作职责和界限进行详细的描述，对辅导员的角色加以明确，对辅导员的特殊地位加以巩固。突出辅导员作为学校党政干部、共青团干部、思想政治理论课教师和哲学社会科学课程教师在大学生思想政治教育中的主导作用，包括在学生学业指导和就业指导等日常事务管理中的积极作用。提升辅导员在高校中的地位，增加其职业自信心，使得辅导员能够主动寻求职业能力的提升。

（2）增强辅导员专业建设

将辅导员作为一门学科进行重点建设。早在2007年，教育部公布了21个教育部高校辅导员培训和研修基地，其中北京师范大学等辅导员研修基地为各大高校培养出了一批政治强、业务精、纪律严、作风正的辅导员队伍。教育部也设置了有关辅导员相关学科的硕士点和博士点，但现状仍然不够平衡不够充分。相关部门应当对该学科予以足够的重视和支持，使得辅导员在理论建构、知识体系层面有进一步的发展，特别是要在政策上对辅导员攻读硕士和博士学位予以鼓励和支持。在高校设置辅导员专业，系统传授辅导员相关知识和技能，在辅导员的职业能力、职业规划等方面提供充足的保证。此外，在职业资格和晋升方面，按照初级、中级、高级三个职业能力层级落实辅导员培训和职称评聘，按照辅导员职业能力标准推动课程和教材建设，给予辅导员队伍充分的认可和空间，确保辅导员持证上岗，维持辅导员队伍的高素质和稳定性。

（3）提高政府重视程度

近几年，国家重点关注辅导员的能力培训，2013年制定了《普通高等学校

辅导员培训规划（2013—2017 年）》（教党〔2013〕9 号），2014 年通过了《高校辅导员职业能力标准（暂行）》，为辅导员职业能力发展指明了方向。同时，积极开展骨干培训示范，截止 2015 年底，已完成 132 期的骨干培训任务，累计培训5000 人次，辐射影响 2000 万人。近年来，在中央和教育部门的号召下，各省市相继出台了一些政策措施，对于改善辅导员的发展现状有着重要指导意义。

政府对辅导员的能力提升培训工作的重视和支持，是辅导员能力提升的关键。其重视一方面体现在及时的督促相关部门认真落实辅导员能力工作，另一方面就是要积极的为辅导员能力提升工作的开展创造各种有利的环境，包括组织上的人员配置、资金的专项配备、培训场地时间的规划、工作动员的认真落实等等，让辅导员真正领会到国家和政府的重视和关怀，各部门认识到辅导员能力提升的重要意义。

2. 构建系统化的政策支持体系，加大国家政策法规的支持力度

鉴于目前加强辅导员职业能力提升的制度政策缺乏针对性和系统性的问题，政府部门，特别是省级教育主管部门应该在结合国家中长期教育改革和发展规划的前提下，针对高等教育和高等学校学生工作的特点，做好对高校思想政治教育工作的规划，充分利用人力、物力、财力等各项资源，构建多层次全方位的政策支持体系，对辅导员队伍职业能力培养提供全面系统的制度保障。同时，加大资金投入，并鼓励各院校结合自身实际情况和办学特色制定有针对性的建设方案并在具体的实践中调整、反馈。

（1）制定辅导员能力培养方案

辅导员职业素养和能力的提升既需要高屋建瓴整体设计规划，也需要具体而微地研制实施方案。教育部 24 号令（2006 年）和 43 号令（2017 年）对辅导员队伍选聘、培训体系建设、管理考核做出规定，地方教育行政部门要结合本地发展要求，对辅导员职业能力培养的指导思想、培养原则、主要目标、培训内容、主要任务和保障措施提出指导性意见，做出具体规划，凸显辅导员能力提升和培养的发展方向。各高校要结合本校的实际，全面统筹办学治校各领域、教育教学与管理的各环节、思想政治教育各方面的育人资源和育人力量，从整体上构建一体化的具体的可操作性的辅导员能力培训规划与实施方案。

（2）建立高校辅导员队伍正向流动机制和梯次流动机制

针对辅导员所具有的双重身份，采取正向的流动措施。一方面，把辅导员队伍纳入学校党政干部队伍的后备人才库，加强政治培养和基层实践锻炼，并形成制度机制。另一方面，把各类高校辅导员的政治培养与使用纳入地方党委干部培养使用的整体规划，使辅导员工作经历成为党政干部培养使用的重要参数。如此，既拓宽了辅导员职业发展空间，也拓宽了党政干部选拔使用的通道。其次是

建立梯次流动机制。就是把部分辅导员职业发展进行分流，有规划地引导部分辅导员充当专业基础课、或专业课教师；选择一部分辅导员长期从事辅导员工作；培养部分辅导员成为教育科研工作的骨干。

（3）设立辅导员职业能力提升的相应激励机制

激发辅导员内在驱动力，引导其主动提升职业能力。对优秀辅导员加以重点培养和发展，针对性提高更高质量的培训、研修、出国留学和基层锻炼等机会，组建"专家型"、"学术性"辅导员队伍，培养大学生思想政治教育学术带头人。此外，加大对辅导员科研立项的支持，完善辅导员评优评先的制度。

以辽宁省为例，辽宁省多部门联合下发的《关于加强全省高校辅导员队伍建设的实施意见》中对各高校在辅导员职称评聘和培养教育等方面提出了具体的要求，为辽宁省各高校结合自身实际情况制定相应的培训、考核和激励制度提供了有力的政策支撑。

● 辽宁中医药大学

①经部门考核，本科毕业的专职辅导员工作 3 年、5 年、8 年、12 年未走上领导岗位的，分别享受副科级、正科级、副处级、正处级岗位津贴。研究生毕业的辅导员，经考核合格，工作满 1 年、2 年、5 年、8 年分别享受副科级、正科级、副处级、正处级岗位津贴。

②任期 3 年以上，学校积极创造条件鼓励支持在职攻读与辅导员工作相关的硕士、博士学位。满 5 年以上自由选择攻读硕士、博士学位。

③任期内按要求完成工作任务，享受带班津贴和电话费补助。工作满一任后，根据工作需要、本人条件和志向，学校将有目的、有计划地定向培养。

● 沈阳工业大学

沈阳工业大学出台《沈阳工业大学学生辅导员管理办法》，其中明确规定：辅导员经考核合格，在试用期满后，工作满 2 年的具有定为副科级的资格；在试用期满后，工作满 4 年的具有定为正科级资格；在试用期满后，工作满 8 年的具有定为副处级资格[1]。

（4）建立高校辅导员互动发展创新发展的协同机制

建设辅导员工作共同体、学术研究共同体，打破辅导员单兵作战的传统工作思维束缚。建立志趣活动组群、社交活动组群、数字化学习平台等，助推辅导员能力的提升。

3.完善落实政策措施，确保政策支持的有效性

虽然我国对高校辅导员的职业能力提升提供很多政策支持，但是这些政策大都以规划、指示、规定等形式颁布，法律效力不大，因此在现实执行过程中，往

---

① 曲建武，姜德学，张伯威．《高校辅导员队伍建设的理论与实践》[M]．大连：大连理工大学出版社，2009：180-189．

往不尽如人意。

（1）加快立法保障速度

党的十八届四中全会提出建设中国特色社会主义法治体系，建设社会主义法治国家的总目标。党的十九大明确提出了建设社会主义法治国家，坚持依法治国和以德治国相结合的基本国策。教育法治化是 21 世纪我国教育发展的必然趋势，是现代化教育的主要特征。辅导员职业能力提升需要依据相关法律法规。辅导员工作要在法律法规所允许的范围内实施。辅导员只有充分尊重学生的人格尊严，尊重学生的合法权益和理解学生的合理诉求，才能更好地实现教育的目标。同理，只有尊重辅导员的人格与职业尊严，尊重辅导员的合法权益并满足其合理诉求，才能促进辅导员职业能力的提高。

首先，必须建立完善的思想政治教育法律，尤其是对辅导员的道德法律建设，在宪法和法律的范围内依法开展思想政治教育法律规定等的内容。其次，转变教育理念，建立民主平等的师生关系，变"管理"为"服务"，打破以往强制的管理办法。再次，从高等教育法律层面上明确高校思想政治教育、职业技能知识的地位与作用，将高校实施思想政治教育、业务技能等的工作制度内容增加到《高等教育法》具体条文中。同时在辅导员招聘录用的环节将准入机制纳入法律层面，应聘辅导员岗位，必须具备教育学相关专业背景或资格条件。只有这样，辅导员的工作环境才能得到强化，才能逐步提高辅导员的职业化、专业化发展，增强辅导员的职业认同感。同时，在贯彻落实法制化建设的过程中，用法律的手段来约束高校辅导员的培训机制、固化培训流程，切实保障高校辅导员的利益。

（2）确定辅导员的编制地位

政府部门应以立法的形式，确定辅导员的编制地位，给予丰厚的职称待遇，让其能以法律手段维护自身权益，加强其职业认同感。鉴于辅导员的特殊地位，应该将辅导员从高校教师法中独立出来，为其设置专门的法律规范，体现辅导员职业的重要性，提高社会的认可度。

（3）发挥省级教育部门的监督引领作用

省级教育主管部门对省属高校负有直接的指导、规范和监督作用，而对在省内办学的其他类型高校也发挥着一定的引领作用，因此，高校辅导员队伍的培养应该纳入省级教育主管部门的日常指导和监督工作范畴中。一方面，从国家层面建立辅导员队伍建设监督机制，对辅导员队伍建设国家政策和制度在高校的实施建立有效监督机制，对未能有效实施国家政策和制度的高校实施预警和整改安排。另一方面，省教育主管部门应该发挥指导性作用，对高校辅导员职业能力培养提供基本依据，对高校辅导员职业能力培养体系的总体规划进行审核和指导，加强对高校辅导员培养工作的评审评估，可以组建专门的组织机构对高校辅导员的职业能力水平定期景下评估，做到全程监督和动态调整，以帮助高校及时发现培养过程中出现的方向性偏差和管理问题。

（4）落实辅导员能力提升的专项经费

根据教育行政部门规定，各高校均设立辅导员专项培训经费，以保证能够完成辅导员培训工作，经费主要用于选派辅导员参加校外各级培训所产生的培训费、交通费和差旅费，以及学校自行组织校内培训所需要的专家讲课费、培训教材印制及宣传等各项费用。由于各级各类学校的经费来源和经费总额存在明显差异，对辅导员职业能力培养建设的经费投入存在差异。省政府要确保辅导员培训和研修基地建设的资金投入，专门划拨专项经费，用于人才培养、课程体系建设、网络平台建设、社会实践、表彰奖励等，加大对培训体系开发、教材编写创作、提高师资队伍待遇水平等方面的投入，在辅导员培优、课题申报、学生工作项目申报等给予倾斜和支持，为辅导员职业能力培养提供经费支持，强化辅导员培训的效果。

（5）加强省政府与地方的交流合作

要充分发挥省级教育行政部门的主导作用，加强与地方的交流合作，特别是在地方办学的部属高校和省属高校。一方面争取地方政府对高校办学，特别是对辅导员队伍建设的政策、财政、场地建设等方面提供强有力的支持，另一方面，通过辅导员队伍发挥职业能力水平，提升思想政治教育效果，促进地方的精神文明建设水平的整体提升。

4.加强建设辅导员培养平台，强化辅导员育人能力

政府部门通过完善制度建设、加强政策保障，制定出台系列有利于高校辅导员职业能力提升的制度和政策，打造各高校辅导员学习交流、实践创新和科学研究的培训与研修基地，依托高校辅导员培训与研修基地开展辅导员岗前培训、骨干培训、高级研修、日常工作交流、专题培训、职业能力提升培训和辅导员职业能力大赛等工作。同时，鼓励各高校创办内部刊物，作为辅导员交流学生工作的平台，开展学术研讨，为辅导员工作提供参考。整合资源，为辅导员职业能力培养、校际之间交流和研修搭建平台，实现以点带面，促进辅导员队伍的成长成才。

（1）构建多层次、多渠道、全方位的辅导员培训格局

丰富常规的日常培训、座谈交流、专题研讨等培训体系的同时，利用互联网优势汇集优质资源并形成系统的课程体系，结合辅导员的岗位职责、职业生涯目标以及爱好特长等特征对其进行分类培训，促使辅导员职业能力的纵深化发展。例如可以成立创新创业、情商发展、心理健康、领导力以及学业指导等工作室来为辅导员专业能力的提升提供窗口。

（2）创建高校辅导员培训和研修基地

依托教育部在各个省份设立高校辅导员培训和研修基地，组织高校专门负责高校辅导员骨干培训、辅导员在职攻读硕士、博士学位工作、事务管理、业务技能、职业生涯指导业务技能、心理健康教育和心理咨询技能、形势与政策教育教学能力等，加强与高校的沟通交流，履行对高校的指导和监督职责。

（3）着力培养辅导员骨干

把辅导员作为"大学生思想政治教育名师建设工程"中的重要组成部分，广泛性选拔优秀辅导员，针对性地将其中特别突出的一部分人确定为"专家"、"名师"，为他们创造条件，鼓励这部分优秀辅导员走出校门参与学术活动和交流活动，扶持其科学研究立项，积极创造条件，推动开展国内外研修考察行动．

（4）分阶段分层次地开展辅导员培训

针对辅导员不同阶段和能力的要求，坚持"育人为主，德育为先"的原则，要分体系、分类别、分层次的确定培训内容，坚持以《能力标准》为依据，以满足广大辅导员职业能力需求为落脚点，综合考虑，统筹规划，科学划定培训内容，为辅导员更好的职业能力发展打下坚实的基础。

根据不同的培训内容和参训对象进行分级，构建"金字塔型"三级培训体系。从最低到最高层级分别为基础培训系统、专业提升培训系统和在职研修培训系统。

基础培训系统主要针对辅导员入职前和职业生涯初期的职业能力培养，包括岗前培训和日常培训，培训内容涵盖辅导员工作规范、学生管理规范、思想政治教育理论、大学生心理健康教育、职业生涯与发展规划等基础知识和实践技能。

专业提升培训系统主要解决职业发展阶段的职业能力提升问题，针对辅导员的五项职业能力开展专项培训，解决辅导员日常工作中的重点、难点问题，是有效提升辅导员职业能力的重要手段。

在职研修培训系统是提升辅导员综合职业能力和综合素质的最高层级的培训方式，助力提升辅导员职业发展的高度。这三个培训系统组成的辅导员职业能力培训体系贯穿着辅导员职业生涯发展的全程，成为辅导员职业能力提升最直接、最有效的形式。

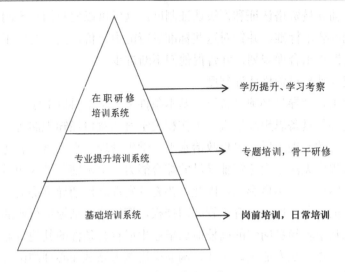

图 1 辅导员培训系统

表 1 专业提升培训内容一览表

职业认证培训	心理咨询师培训、就业指导师培训、生涯规划师培训等
非认证培训	大学生事务管理专题培训班、大学生心理健康教育专题培训班、大学生心理危机干预专题培训班、大学生职业生涯规划专题培训班、大学生创业教育专题培训班等
培训基地的理论授课	形势政策报告会、典型案例介绍、经验交流会、主题论坛、沙龙等
教学和科研能力的培训	专项科研计划、精品课程培育
骨干培训班	形势政策分析解读、思想政治教育主题实践、典型经验介绍交流、工作实务等

（5）创新辅导员能力提升的培养方式

培养方式的创新，不仅能够提高培训的质量，还能够增强辅导员的自我认同感。避免过去的假大空套路和毫无新意的领导讲话，研究辅导员的兴趣爱好，因材施教，科学搭配是当前辅导员培训的研究重点。

在培养途径上，适当增导员的交流机会，积极构建辅导员交流平台，充分运用新媒体力量，切实满足辅导员间互通有无的需求。在培养模式上，逐步制定并落实辅导员的研修计划，采用日常培养和学期培养相结合，注重学校内部培训和省级培养、国家培育相协调。积极引入情景模拟法，社会实践法等新形式的教学培养模式。积极引入新的理论、新的方法来指导培训计划，定期进行培训反馈，合理制定培训方案，要倾听辅导员对于培训的期望，用最受欢迎的形式来提高辅导员的各种职业能力。

5.重视辅导员职业发展，建立资格认证和评级认证制度

要进一步促进辅导员职业能力提升，则需要针对职业辅导员建立相应的能力

标准，建立辅导员资格认证和评级认证制度。这样可以使我们对不同水平的辅导员采用不同的要求标准，并针对这些标准进行能力评价，同时有助于辅导员对自己的职业生涯作出合理规划，并督促他们不断进步。

（1）建立辅导员资格认证制度

根据要求，辅导员必须具备以下基本条件：大学本科以上学历、中国共产党员，同时还必须具备思想政治教育工作相关学科的宽口径知识储备。此外，辅导员还需要良好的心理素质、思想政治水平、学生管理水平、语言表达能力等。但高校招聘过程中无法全面考察辅导员的综合能力，个别辅导员入职后发现不适合岗位要求，因此产生不良影响。因此，要充分发挥高校辅导员协会、辅导员培训和研修基地的作用，通过教育主管部门授权，探索建立辅导员行业的资格认证制度，对有意从事辅导员岗位的高校应届毕业生或符合条件的其他行业工作人员开展资格认证工作，从专业知识测评、沟通交流能力测试和心理测试等几个方面进行综合考量，科学设置考核标准，对申请人进行严格认证，符合条件的颁发资格证书，以此作为辅导员行业的准入资格，使高校在辅导员招录中降低风险，以保证辅导员队伍整体的工作水平。

（2）探索建立辅导员评级认证制度

《高等学校辅导员职业能力标准（暂行）》对辅导员的工作职责做了详细规定，并根据辅导员职责履行情况以及工作时长，将辅导员分为了初级、中级和高级。可以考虑由辅导员协会执行，探索建立以《标准》为基础，以辅导员职业能力水平为核心的辅导员评级认证工作，并建立相应的规章制度、实施细则及量化考核标准，为高校辅导员队伍的建设规划提供基础。

6.明确规定辅导员类别，形成交叉管理模式

辅导员在学生事务管理中囊括思想政治教育、班级建设、党团工作、宿舍管理、心理健康教育等方方面面，可谓分身乏术，有的辅导员身兼多职，任务量重大，造成"多"而不"专"的现象。我国辅导员制度可以学习国外辅导员制度，将辅导员角色分门别类，设置不同类别的辅导员，将繁杂的任务分成若部分，每个部分设一名专职辅导员，将不同的工作分派给不同种类的辅导员，强化辅导员的专业性。细化辅导员角色能够避免目前高校辅导员"眉毛胡子一把抓"的状况，每个辅导员之间各专其职，协同完成辅导员的工作任务，提高学生的满意度和学生事务管理的实效。根据学生的不同需要，可以划分为学业辅导员、心理咨询辅导员、生活辅导员、职业咨询辅导员等，每一部分都有各自的管理机制和考评标准，共同为学生提供优质的服务。所谓"术业有专攻"，辅导员职业的分门别类对于辅导员的专业能力有很大的帮助，学生在不同的领域遇到困难都有专业的辅导员提供咨询服务，推动辅导员队伍建设的专业化进程。

在学校的管理中，既要有金字塔式的层级管理，也要有横向管理，融合不同的管理模式，纵横交叉管理，更好地实现教育的目标。各类辅导员设立组长，组长既要认真履行职责，又要发挥对同一类别辅导员的指导和协助作用。各组长工作在学生工作的第一线，既可及时了解和掌握其他辅导员遇到的各类问题，又可通过召开会议等方式，及时对其进行指导和统筹安排相关工作。各类辅导员在组长的带领下，细化学生工作，加大执行力度，狠抓落实，形成合力从而更有利于配合和协调学校其他管理部口，确保有效实施和顺利完成学生成长成才所需要的各方面帮助和指导。除此之外，明确规定辅导员的类型，要求不同类别的辅导员具备不同的专业技能，定期对学生进行心理、就业、学业等方面的指导，及时发现学生中存在的各种不良倾向，从而采取针对性的措施解决学生的问题，在实际的工作中发现不足，进而更有目标地去提升相应的职业能力。

（二）社会和谐并进的氛围营造

1.培育尊重和认同辅导员的良好社会氛围

习近平总书记在全国教育大会上强调："全党全社会要弘扬尊师重教的社会风尚，努力提高教师的政治地位、社会地位、职业地位，让广大教师享有应有的社会声望"[①]。辅导员作为学生成长成才的引路人，理应享有崇高的社会地位，注重发挥先进典型的引领作用，营造全社会关心辅导员、尊重辅导员、认同辅导员的良好社会风气，让广大辅导员能够安心从教、热心从教、舒心从教、静心从教。

同时，社会环境给予辅导员恰当的角色期待，给予辅导员足够的理解和尊重，营造良好的社会氛围，辅导员感受到社会的支持和认可，能够有效增加辅导员的"归属感"和"认同感"。近年来，我国高校辅导员队伍涌现出一大批优秀工作者，"全国道德模范"、"感动中国十大人物"等有宣传力的国家表彰活动都出现了辅导员的身影，扩大了高校辅导员这一职业在社会上的影响力。

（1）社会与高校内外互动，肯定辅导员职业价值

社会和高校要与新媒体网络平台要内外互动，通过网络信息、新闻媒介、学术专刊等载体宣传辅导员工作的意义、职业工作价值、辅导员职业形象，推进社会对辅导员的职业认知，做到以事感人、以情动人，同时体现个性和时代性，广泛营造辅导员发展的良好社会氛围。积极宣传高校辅导员在国家建设、教育改革和人才培养中的重要贡献以及辅导员工作取得的进步与成就，充分挖掘高校辅导员的典型事迹，树立高校辅导员的行业楷模，大力宣传高校辅导员的代表人物和突出业绩，力争在全社会范围内产生广泛影响，获得普遍关注，肯定辅导员的劳动、地位和价值，为当代辅导员传播正能量，让社会和广大师生更加理解和支持

① 坚持党对教育事业的全面领导——论学习贯彻习近平总书记全国教育大会重要讲话 [N].
人民日报，2018-09-18

辅导员的工作，尊重辅导员这一职业，转变对辅导员职业的偏见。

（2）创新宣传模式，更新社会观念

社会学家密尔指出，"舆论本身就是一种最大的积极社会力量"。有关部门要加大对辅导员相关工作会议、文件政策新闻宣传力度，创新工作的宣传模式，不仅包括电视电话、报纸、广播等传统媒体，也包括一些新兴媒体，例如网络、微博、微信、QQ 等，使宣传工作更具有吸引力和感召力，让全体社会成员了解、认识当前我国高校辅导员的工作内容、工作方法、工作规范和工作水平，尊重辅导员职业和辅导员工作，为促进辅导员职业角色提供一个全新的社会观念。首先，紧跟时代发展步伐，紧密联系群众。引导这些优秀的辅导员走进大学讲台、走进电视媒体、走进社会大众，进一步挖掘他们身上的宝贵精神财富。其次，宣传媒介要多样化。结合手机自媒体时代特征，更加注重社会大众的用户体验。最后，宣传工作要讲究艺术性，国家宣传部、教育部、广电部门、知名文化企业等可邀请优秀作家、摄影师、影视工作者对优秀辅导员的先进事迹进行深度挖掘和艺术加工，通过创作短视频、小说、文艺影视作品等形式，把生活的真实和艺术的渲染紧密结合起来，从而使辅导员的先进典型更加深入人心，社会影响更加深远。

（3）设立专项基金树立精英形象

当前，促进高校辅导员职业能力提升的资金主要由上级教育主管部门和高校自身拨付，下发至具体辅导员时，多采用自上而下的立项资助形式。设立高校辅导员职业能力提升专项基金，对外有助于打造社会品牌，树立精英形象；对内则可以扩大融资渠道，增加资金来源，逐步凝聚促进高校辅导员职业能力提升的社会合力，从而持续加大对高校辅导员职业能力提升的相关培训、研究的资助力度，充分调动一线辅导员能动性，使高校辅导员职业能力的提升进程充满活力。

2. 树立以人为本的职业能力培养理念

以人为本是满足人的需求，提升人的素质，"以人为本"肯定了人的主体地位和主体作用，强调关心人、尊重人、解放人、发展人的价值取向，既是一种新的基本理念和新的价值取向，也是一种以人为中心的管理方式，是促进人的全面发展的重要方针策略。职业能力的培养是实现个人满足感的源泉和动力，同时也是实现社会发展的重要途径。人才培养是高校的主要职能，高校辅导员是"自然人"、"社会人"、"职业人"和"文化人"的统一，更是实现学校人才培养的的中坚力量。高校在教学和管理活动中坚持"以学生为本"的同时，对教师和管理干部的培养和使用中也应坚持"以人为本"。

目前，高校辅导员大部分是刚入职或入职不久的优秀毕业生，由于在辅导员岗位锻炼的经验不足和角色转换的不适应，难免会在工作中遇到这样或那样的难题与困惑，甚至对工作失去信心和热情。根据马斯洛的需要层次理论，要调动辅导员的工作积极性，促进辅导员专业知识的拓展和专业技能的提高，必须要实现辅导员归属与爱的需要和尊重需要，需要学校管理者走出权威的光环，尊重辅导员的职责、人格和个性，对辅导员不抱偏见，尊重他们成长和发展的规律，像重视业务学术骨干的选拔培养那样重视辅导员的选拔培养，像关心业务学术骨干的成长那样关心辅导员的成长，为辅导员才能的施展提供广阔的空间。

3. 营造宽松的职业发展氛围

（1）建设团结和谐互敬互爱的良好校园文化

要注重营造良好的校园文化，大力弘扬爱岗敬业精神，推进师德师风建设，引导高校从业人员尊重彼此劳动、珍视彼此价值，逐步形成多讲德性少讲年龄、多讲修养少讲官位、多讲贡献少讲资历、多讲业绩少讲辈分的良好风气，使以德服人、团结和谐、相互敬爱成为校园中各个层面的共识，从而营造出聚精会神搞建设、一心一意谋发展的良好氛围，展现出蓬勃进取，昂扬向上的积极精神风貌，切实促进高校辅导员安心本职工作，专注自身职业能力的不断提升。

（2）建立辅导员互助组织和劳动保障机制

加大对高校辅导员的人文关怀力度，尊重高校辅导员群体的人本价值，避免对其的完全工具化使用，促使其以更强大的勇气和韧性去担承责任。成立义工社团性质的高校辅导员互助组织，提供法律、心理、职业规划和公共卫生等方面的咨询与建议，搭建高校辅导员非官方交流平台，促进其的心灵成长和人格完善。探索建立适度保护机制，为高校辅导员购买特种保险，签订有条件的免责协议，从而形成责任的合理分摊，使高校辅导员职业能力提升更具现实意义。

（3）营造创先争优的浓厚氛围

坚持公平公正原则，开展"辅导员职业技能大赛"、"全国高校优秀辅导员博客大赛"等比赛活动。为辅导员提供一个公平竞争的平台，营造一个公平的比赛气氛，提高比赛的可信度，吸引辅导员积极参与到比赛中，更为辅导员创造了一个鼓励自我发展、在工作岗位建功立业、创先争优的浓厚氛围。

（4）营造和谐自由的教学氛围

从现实情况看，我国辅导员与大学生的比率大大超过 200：1 的比例，辅导员授课一般采用大班教学，大班授课的教学效果却很难实现。辅导员在台上讲授，学生在底下玩手机、睡觉的现象屡见不鲜。高校管理者可以根据学校教室的使用情况，尽量安排小班学，控制上课学生人数，让辅导员与学生有充分的交流和配合，提升教学效果，提高学生对辅导员教学能力的认同感，加强辅导员与学生的沟通交流。

4. 提倡辅导员职业文化建设

辅导员职业文化是指为实现辅导员队伍发展，在实践工作中树立的、能被辅导员认同的价值理念、职业理想、职业信仰和职业精神的总和。辅导员职业文化是辅导员队伍意识形态领域的精华，是辅导员实现自我发展和自我提升的内驱力。因此，各方力量要形成合力，为培养优质师资队伍创造一个积极、开放、合作的文化环境。

（1）搭建和优化辅导员文化传播和专业发展平台

充分利用微博、微信等新媒体传播媒介，立足于团队文化的建设和宣传，为辅导员提供一个能够进行经验交流、理论学习和实践探索的平台。

（2）促进校园文化与辅导员职业文化的融合

辅导员队伍是一支富有影响力的文化传播队伍，将辅导员职业文化渗透到学生教育管理和团学活动中去，积极开展具有一定特色的校园文化品牌活动，提高学生的人文素养，从而激发辅导员的创造性和积极性，促进自我价值的实现，为打造一支德艺双馨、业务精湛的辅导员职业共同体提供精神引领。

（3）推动辅导员队伍社会志愿服务活动，践行职业文化理念

将志愿服务精神与职业精神相结合，突出专业特色优势，打造知名服务品牌项目，使辅导员对职业文化的内涵有更深刻的理解和认识，为传播和传承辅导员职业文化积蓄力量。

5. 创造舒适的培养条件

高校是辅导员工作的小社会，高校要创设更加宽松、平等、民主、和谐的辅导员培养环境。坚持"两手抓"，加强"软件和硬件"条件水平提升。做好辅导员工作的相关硬件资金投入，在办公设备的配备、科研力量的配置等方面给予辅导员充分的倾斜。创设一个开放、真诚、自由的"人际生态环境"，建立健全高校辅导员的自由工作体制。在工作中，要尽最大的力量减少不必要的行政干预，使得辅导员拥有更大的自主空间，更好地调动其主观能动性。要进一步使每一位高校的普通辅导员都有机会参与学校的管理与决策，在强调辅导员"普通教师"身份的同时，更加强调辅导员"行政管理人员"的身份角色，学校的长期规划、短期计划、决策的制定中，都要认真征求广大高校辅导员的意见，提高辅导员的主人翁意识，从而促进其主动加强自身的素质及修养。

（三）学校管理育人的完善落实

1. 完善辅导员选聘机制，严格落实入职条件考察

全国高校思想政治工作会议的胜利召开和43号令的颁布都为高校辅导员队伍建设提供了纲领性政策支持，但随着高校对学生管理、培养、服务等工作的不断细化，要创建一支专业的辅导员队伍，有必要把好辅导员队伍入职关口，完善

辅导员选拔聘用制度。在依托高校党委统一领导，其他部门积极参与，通过组织推荐、个人推荐以及社会公开招聘等等多种方式来进行选拔，在遵守国家对辅导员的准入规定前提下，规范辅导员的选拔、招聘程序，建立科学的招聘制度，注重专业和岗位的匹配度，确实把政治思想好、业务水平高、工作能力强、综合素质优的人员选到辅导员队伍。

（1）限定人员专业条件

在选聘专职辅导员时，要充分考虑辅导员职业化发展需求和学生成长需求，主要围绕《标准》，不仅要考察思想政治教育专业知识，还要考察相关管理学和心理学方面的理论知识，与此同时，不仅要考察处理学生日常事务能力，还要考察其科研能力。聘用人选专业应向受过心理健康教育、就业指导教育、职业规划教育、法律方面教育以及管理学方面倾斜，逐步实现专职辅导员队伍在学历、专业和来源等方面的优化配置。

（2）优化招聘任用环节

坚持党委统一领导的前提下，优化聘用制度，坚持高标准的原则，对各个环节做到公平公正公开，对辅导员的政治面貌、专业背景、社会实践经历等进行初审，从政治理论水平、学习教育经历、学生干部经历等做出基本要求，通过谈心谈话、案例分析、情景模拟、主题班会、即兴演讲等方式考察应聘者的语言表达能力、组织能力、应变能力等业务能力。注重考察应聘人员的政治素养和理论素养，了解其思想的深刻性、思维的敏捷度，对职业的理解程度，对问题的认识深度，避免"背得好"、"说得好"等高分低能人员进入队伍，使选拔更具科学性和严谨性。

（3）注重职业发展

要考虑到辅导员的职业发展方向，选聘要求上重点要求竞聘人员具备心理学、教育学、管理学和思想政治教育等相关知识，同时具有较高的思想道德素养和科学文化素养。选聘过程中，要充分考虑辅导员职业化这一发展趋势，在思想政治、心理健康和就业指导等方面配备专职辅导员，促进辅导员队伍专兼结合局面的形成。

2.健全辅导员队伍考核制度，量化考核指标

目前高校对辅导员工作的考核所采取的方式和程序等虽然不尽相同，但是大致可以分为以下两类：

表 2　辅导员工作考核办法 A

考核时间	年终（学年）
考核组织	校辅导员工作考核领导小组
考核执行机构	学生工作部（处）、学院辅导员工作考核小组
考核内容	关键绩效 + 例外绩效
考核程序	①辅导员自评，对照岗位职责形成年度工作总结报告，填写自评表并打分；②学生测评，重在考察学生对辅导员开展日常管理工作和思想教育工作的满意程度，参与测评的学生由学院在辅导员分管的学生群体中随机抽取，总数不少于 30%，采取无记名打分的方式进行评分；③学院考评，重在考察辅导员开展具体工作时的表现；④学校考评，重在考察辅导员完成工作任务情况、学习会议出勤情况、工作创新和工作特色等，考核小组进行评分，并审核学院考评分数，计算考核总分，确定考核等级；⑤例外绩效考评，分为奖励、惩罚和工作创新三类，直接计入总分，由辅导员提出申请。
考核结果记录类型	计分制
计分方式	关键绩效考评总分 100 分，其中自评 10 分、学生评议 40 分、学院考评 30 分、学校考评 20 分，采用权重累加形成基本分；例外绩效考评分为附加分 5 分，采取单项加减的方法；考核总成绩为基本分和附加分之和。
考核结果	考核结果分为优秀、合格、基本合格和不合格四个等级。基本原则："优秀"等级的考核总得分一般须达到 85 分以上，且名额不超过考核总人数的 20%；70—85 分为"合格"，60—70 分（不含 70 分）为"合格"；"不合格"等级为考核总得分低于 60 分。
考核指标是否单列	是
考核结果的应用	考核结果记入个人的人事档案，作为进修培训、职务晋升、评优评先、外出学习考察的重要依据。考核结果为"不合格"或连续两年考核"基本合格"者，原则上不得继续从事辅导员工作，由学校人事处按相关规定调离辅导员岗位。

表3　辅导员工作考核办法B

考核时间	年终（学年）
考核组织	校考核领导小组、学院（部）考核领导小组
考核执行机构	学院（部）办公室
考核内容	岗位履职情况、讲课、承担科研项目、论文发表、参加研讨交流论文、进修学习
考核程序	①辅导员自评，对照岗位职责形成学年工作总结，填写《工作考核表》； ②学生评议，由辅导员自行抽取所带班级不少于20%的学生填写《学生对辅导员工作测评表》，对辅导员工作进行测评，分"优秀"、"合格"、"不合格"三个等级，并填写测评理由和意见建议； ③基层党委（总支）评价，汇总学生评议结果，并结合辅导员日常表现情况，形成文字描述型考核意见； ④所在单位（部门）考核，由辅导员所在的二级学院或部门进行综合考核，汇总三方评议意见，结合学校下达的部门考核优秀指标，确定辅导员考核等级； ⑤学校考核领导小组审核结果并汇总公布。
考核结果记录类型	文字描述型
计分方式	无
考核结果	考核结果分优秀、合格和不合格三个等级，由学院（部）考核领导小组采取无记名投票方式确定。
考核指标是否单列	否
考核结果的应用	辅导员工作考核结果记入个人人事档案，在职称评聘中，在上一聘期内曾获得"优秀"者可以优先考虑。

目前教育行政部门未对辅导员的考核评价机制做出统一的规定，各高校大多针对本校实际情况和辅导员岗位职责出台相应的考核标准，对辅导员进行岗位的年终考核，考核评价一般由学校学生工作部（处）组织进行，实施年终（学年）考核的方式，从工作态度和成效、职业能力水平等方面分别考核，评价的主体既包括辅导员自己，也包括服务对象（学生）、管理者（部门或学院领导）等，评价流程包括个人自评、他人评价和综合评价三个环节。由此对辅导员过去一年的岗位履职情况进行综合评价，分别给予"优秀"、"合格"、"不合格"的评价等级。本研究对辅导员的考核主要从以下内容进行：

（1）完善辅导员队伍考核制度

完善的考核制度对辅导员工作提出更高的要求，是有效提高辅导员工作效率的前提，在把握辅导员队伍建设全局发展的基础上，细化考核的具体内容，将考核要点深化到辅导员的每项学生工作中去，同时对辅导员实际工作和绩效进行考察、考核，从而有效评定辅导员工作的具体开展情况，以及各项学生工作任务的完成度，从而将其作为提升辅导员队伍职业能力的主要手段，实现提高辅导员专业能力、专业技能和专业素养的目的，使其能够遵守学校的规章与制度，进而促进高校学生工作取得一定的成效。

（2）着重考核辅导员的育人能力

考核制度主要针对考察辅导员掌握教育发展规律、学生成长规律的能力。辅导员在提升自己的职业知识技能时也要拓展自己的发展空间，教育发展规律主要是辅导员对于思想理论知识、政治学、伦理学、心理学、管理学等方面知识的掌握程度。辅导员的主要工作对象就是学生，辅导员要多与学生沟通交流，关注学生的心理成长，同时让学生全面了解辅导员的工作性质和存在的意义，考察辅导员掌握学生成长规律主要是针对于辅导员处理学生日常事务、危机事件应对、学生就业创业指导等方面的能力。

（3）完善辅导员考核路径

辅导员的考核要严格按照辅导员队伍建设"六个一"，即"年度一本详细的班级工作日志；年度一次关于学生思想政治教育工作的讲座；年度一篇关于学生教育的优秀论文或者是研读相关文献的报告；年度组织一次有专业特色的社会实践活动；带出一个优秀、全面发展的班集体；培养一批优秀的学生班干部"①。以辅导员"六个一"为核心展开辅导员考核工作，主要考察辅导员是否深入学生，是否熟悉并掌握学生学习和生活等基本情况，此外，辅导员还应加强自身内涵建设，提升职业素养和政治素养，一方面要管理好学生的日常事务，另一方面还要提高学术理论研究能力和实践育人能力。明确考核路径，努力实现辅导员职业能力考核的科学性，注重考核过程和考核结果，显现辅导员的外在价值和隐形价值，推进辅导员队伍建设的科学化发展。

（4）定期对辅导员队伍进行针对性的考核

只有定期对辅导员进行针对性地考核，才能使辅导员有一定的压力，激发辅导员工作的主观能动性和积极主动性，以及辅导员提高自身专业能力的创造力和自制力。同时，将考核结果作为辅导员职业发展的指标之一。将辅导员考核的结果与职位晋升、评优评先、以及奖惩等方面相关联起来，通过给予考核优秀的辅导员适当的精神和物质奖励，全面增强辅导员队伍的工作热情。

3.建立科学的激励机制，激活内生发展驱动力

建立科学合理的激励机制，有助于提升辅导员的成就感。一是加强高校辅导员薪酬激励制度。其中包括基础薪酬待遇和发展性薪酬的提升。将辅导员的学历、职称、工龄等作为基础薪酬待遇的重要参考指标，此外，根据按劳分配和多劳多得的原则，将考评结果、工作量、科研成果、获奖情况等作为发展性薪酬的重要参考指标，适当拉开辅导员间的薪酬待遇。二是注重辅导员精神上的激励，注重辅导员的职业发展，强化个体需求。三是加强辅导员职业的仪式感。通过树立榜样和标杆，广泛宣传优秀辅导员先进事迹，发挥榜样力量和朋辈力量，增强

① 朱小曼.新时代背景下高校辅导员工作考核评价体系的优化 [J].湖北开放职业学院学报，2019，（09）：18.

辅导员的职业自豪感和认同感。主要激励方式有以下三类：

（1）以评促优的培养方式

高校内部、辅导员行业及教育系统内部定期开展辅导员的评优工作，通过对辅导员进行评优，予以表彰，以此表彰先进、树立典型，促进辅导员队伍整体的形象提升，并激发辅导员对本职工作的热爱，主动创先争优，提升职业能力和水平。

表4 辅导员以评促优工作一览表

优秀辅导员评选	全国高校辅导员年度人物评选、优秀辅导员、年度人物等
专项工作表彰	优秀共青团干部、优秀共青团员、就业工作先进表彰、党务工作先进表彰、五四青年奖章、优秀教师等
辅导员职业技能竞赛	全国高校辅导员职业技能大赛
全校性的年度评优表彰	高校的各类年度评优

（2）长效发展的目标激励

对于辅导员职业能力培养的激励，各种评优评先表彰只能起到短期的促进作用，要想实现长效化，就要更好的结合其自身的职业发展需求。

表5 辅导员长效发展路线一览表

职称发展路线	高校统一按照教师职务岗位结构比例设置专职辅导员的相应教师职务岗位，辅导员按照助教、讲师、副教授、教授的要求评聘思想政治教育学科或者其他相关学科的专业技术职务，这一发展路线充分体现了对辅导员"双重身份"的认可，为辅导员职业的前进方向提供指引。
辅导员"转岗"路线	辅导员被视为高校重要的党政管理干部储备人才，被选拔补充到学校党政办公室、团委、宣传部、组织部、教务处等部门，从事管理工作，对有意愿从事管理工作，追求行政职务晋升的辅导员来说，是一条重要的晋升路线，其激励作用较为明显。

（3）潜移默化的精神激励

不仅要在辅导员职称晋升确保辅导员长远发展，还要在辅导员培训上增强其胜任岗位的能力和信心，并通过开展"十佳辅导员"、"优秀辅导员"等评选活动激发辅导员的荣誉感和认同感。最后，更为重要的是在日常工作中给予辅导员足够的人文关怀，辅导员工作任务繁重，责任重大，压力巨大，高校要从政治上、工作上、生活上关心他们，对辅导员中的特殊群体提供特殊的政策扶持，给予他们特殊的关心，办实事，解难题。如为精神压力过大的辅导员提供心理辅导，为发生意外事件或生活中有困难的辅导员提供物质帮助，高等学校书记、校长，特别是负责辅导员队伍建设分管领导，要加强与辅导员的沟通交流，营造一种信任、理解、关心的环境，从情感入手，传递温暖，激发辅导员工作热情。

4.健全培养培训机制，提升辅导员综合素质

高校要重视辅导员队伍建设，科学建立健全辅导员职业能力培训机制，确保

其长久活力。以职业能力提升为主题开展的各种形式的培训活动，首先是通过岗前培训，让辅导员掌握其自身工作职责。其次是在职培训，建立完善的在职培训制度，通过心理健康、就业创业、辅导员职业技能等专职培训，强化辅导员理论知识学习，提升辅导员职业技能。

以大连民族学院为例，不断在实践中创新培训载体。一是以辅导员校内交流培训会作为提高辅导员职业能力水平的重要途径；二是选派辅导员参加省级、国家级的系统化学习、交流、创新和研讨活动，着力培养辅导员骨干和"专家型"辅导员；三是选派辅导员队伍中的兼职团干参加大连市团干部培训班学习，参与共青团组织驻会学习和挂职锻炼计划，深入了解大学生思想政治教育主阵地的前沿动态，增进交流学习，提高职业能力水平；四是加强与兄弟院校的交流，开展经常性的交流活动，交流重在给年轻辅导员以直观的经验启示，从而有效提升工作水平，同时搭建不同院校辅导员沟通交流的平台，为经常性的线上线下交流打下基础。

（1）整合各方资源，创建优质师资队伍

拥有一支政治意识强、职业能力强和教学能力强的辅导员培训师资队伍，直接关系到辅导员职业能力培训的效果，其重要性不容忽视。各高校在创建培训师资队伍时，不能仅仅局限于本校人员，忽视了校外专业领域的优质资源和其他高校的专家以及优秀辅导员，在重点发掘本校的优质资源的同时，还应通过加强与其他高校或辅导员教育研修基地的联系。此外，要因地制宜，根据本校辅导员队伍的实际情况针对性选择符合要求的师资力量。

（2）在分级分类的基础上科学设置培训方案

要在对辅导员职业能力分级分类的基础上，结合辅导员的能力水平和个体差异，科学设置辅导员职业能力培训课程。在培训内容上，注意与辅导员队伍建设目标一致，着眼于辅导员能力提升的迫切需求和未来的职业发展方向，充分考虑其时效性与针对性。在培训方式方法上，注重激发辅导员的学习热情，发挥其主管能动性，充分考虑实用性和时代性，强化培训的效果。

（3）为辅导员职业能力培训迁移创造条件

尽可能多地为辅导员创造培训学习的条件和机会，无论是选派辅导员参加校外培训还是面向本校全体辅导员的校内培训，针对新工作内容、新工作平台等开展的能力开拓型培训，更要提供平台，开展试点工作，检验培训成果，在实践中检验培训的效果，实现培训迁移。

（4）做好培训的评估和反馈工作

针对辅导员的各类职业能力培训，通过调查问卷、行为观察等方式针对性地对培训效果进行评估和反馈，从受培训的辅导员对培训印象的满意度、对培训内容的掌握程度、受训后的工作行为变化、工作绩效的改善等方面进行评估，并收集反馈信息加以分析，为其他培训的方案设计、内容选择等方面提供参考。

（5）打造立体化的辅导员职业交流平台

重视各种交流平台对辅导员职业能力提升起到的积极作用，高校要注意整合资源，以提升辅导员职业能力为核心，组建辅导员工作团队和科研团队，由专家型辅导员和大学生思想政治教育学术带头人引领团队建设工作，促进职业能力的"传帮带"；以工作团队为基础，打造立体化的职业交流平台，以 QQ、微信、高校辅导员网站等为主的线上交流平台，以辅导员刊物、论文集、专著等为主的纸媒交流平台，以辅导员职业技能大赛、各类职业能力培训、学历提升教育、交流访学等为主的实体交流平台，实现立体化的平台构建。

5. 执行科学的晋升机制，推进辅导员长效发展

辅导员具有教师和干部双重身份，实行学校和院（系）双重管理，可双线晋升。目前高校辅导员队伍职称结构呈现中、初级职称辅导员比例高，高级职称辅导员比例低的现状。要充分挖掘辅导员的职业能力，调动辅导员的工作积极性，必须完善制度层面的晋升机制，推进辅导员长足发展。一是明确辅导员职称评定部门，合理运行辅导员晋升机制，指导辅导员提升业务能力，实现辅导员工作的科学合理性。二是重点考核辅导员的业务能力和实际工作能力，给予辅导员做科学研究一定的政策支持。三是建立公平科学的评价体系。对辅导员思想政治素质、工作实效、学生评价、职业能力等方面进行量化评价，考核结果直接与奖惩和晋升直接挂钩，构建客观务实的评价体系。

（1）确保组织目标与个人需求相结合

以辅导员的工作职责和岗位要求为标准，结合辅导员个人发展需求，制定辅导员业绩考核标准，通过绩效评价引导辅导员的职业能力发展与学校发展目标一致，同时提升辅导员的职业认同感和工作自信心。

（2）突出岗位职责和工作实绩在考核中的主导地位

辅导员职业能力考核可以采用 360 度绩效考评的方法，采取绩效考核的方式，采取学生考核和组织考核相结合，坚持公开、公正、公的原则，围绕教育引导能力、组织建设能力、事务管理能力、危机管理能力和教学科研能力五个方面对辅导员职业能力展开全面的考量。

（3）实施动态化的绩效评价模式

关注绩效管理的全过程，兼顾辅导员工作任务的完成情况和工作绩效的形成过程，实施动态化的绩效评价模式，同时，保持有效的绩效沟通，各部门协同合作，及时发现问题，解决问题。

（4）推动绩效评价结果的科学应用

将绩效评价过程中获得的大量有用信息广泛应用于高校辅导员职业能力培养和其他管理活动中。例如，根据绩效评价的结果，发现辅导员队伍职业能力水平存在的问题，开展有针对性的培训、交流等活动；根据绩效评价的反馈，科学评价职业能力培养体系的成效，及时发现学校在辅导员职业能力培养中存在的不足，实施改进措施；以绩效评价的结果为主要参考依据，对辅导员进行表彰奖励、调整薪酬、提拔晋级等，促进高校辅导员队伍职业能力培养目标的实现。

6. 加强各部门联动性，健全高校育人体系

当前社会发展进入了一个"合作共赢"的良好局面，要切实加强高校教育系统内部联动性，健全高校辅导员系统文化体系建设，增强辅导员队伍团队凝聚力。高校思政工作的协同联动，有助于加快高校教育工作的完成，减少因为信息延误或时效性问题而产生的工作漏洞和工作迟缓。各部门的积极配合，能够帮助辅导员提升工作效率和质量等，进而促进高校辅导员职业能力的整体提升。同时，落实高校凝聚性文化下的联动配合工作机制，将进一步提升辅导员工作效率，发挥辅导员的团队集体力量，营造更好的队伍工作氛围，进而实现辅导员职业能力的有序提升。

7. 科学安排工作任务，认真落实相关待遇

（1）高度重视辅导员工作

高等学校承担辅导员管理和激励的主要责任，是辅导员队伍职业能力提高的重要推手，高校对辅导员职业能力的重视是最有效果。只有高校的充分重视，辅导员才能更加重视自己的本职工作。高校不能把辅导员只当做"思想政治教师"或者"行政管理人员"来看，应该意识到高校辅导员队伍水平的高低直接影响大学生的全面发展，对国家的未来和前途都有着至关重要的影响。高校不仅有着把优秀人才纳入辅导员队伍的任务，还应该把优秀辅导员留在辅导员队伍，给予辅导员足够的尊重和信任，使得辅导员实现自我价值的认同和成长。

（2）明确辅导员的工作内容

就整体来看，辅导员往往身兼多职，工作职责权限不明，工作内容繁琐，高校应围绕新形势下培养人才的目标，明确划分辅导员工作内容，根据辅导员的职业内容合理分配工作，减少辅导员兼职过多的繁杂任务，从根源上释放辅导员各方面的工作压力。同时，高校相关部门应该充分应用学校的办公自动化系统，简化学校的事务工作流程，充分利用好网络办公自动化，进而保证辅导员能够有充裕的时间投入到学生的沟通交流中，能够充分开展科学研究，进而提升专业能力。

（3）认真落实薪资待遇

辅导员薪资主要由工资、奖金、津贴和补贴等构成，辅导员物质收入的主要来源，保证辅导员薪金不低与同等条件下教师薪金，才能保持辅导员工作的积极性。同时，在落实辅导员薪资待遇时，本着以精神鼓励和思想教育为主、经济奖惩为辅的基本原则，坚持严明纪律，奖罚分明，建立完善的奖惩制度，对于表现突出的辅导员给予适当的奖励，对于工作消极者要给予一定的处罚，以此来调动辅导员队伍的工作积极性。

（4）切实保障福利待遇

辅导员福利待遇能够提高辅导员的优越感和归属感。中央 16 号文件明确，"辅导员、班主任工作在大学生思想政治教育第一线，在政策待遇方面给予适当倾斜"，教育部 24 号令第十九条规定，"高等学校应根据辅导员的工作特点，在岗位津贴、办公条件、通讯经费等方面制定相关政策，为辅导员的工作和生活提供必要保障"。因此，高校应依据国家政策，根据实际情况增加专项经费投入，提高辅导员福利待遇，促进辅导员工作付出与回报平衡。比如，增加辅导员的通讯费，特殊时间辅导员值班费，加班时间补助费，突发事件打车费，以及评优、竞赛获奖的物质奖励等，做到政策留人、事业留人、感情留人。

（5）认真对待辅导员额外工作量

辅导员由于工作性质经常需要加班，经常要出席各项学生活动，这无疑占用了辅导员很多学习和业余时间。高校应对辅导员的额外工作进行补助，维护其合法劳工权益，让其劳有所得，从而激发其工作积极性。

（四）辅导员知情行的协同促进

1. 强化主体意识，促进职业认同

高校辅导员职业能力提升的核心是主体建构，提升高校辅导员职业能力，辅导员要找准自身的角色定位，培养主体意识和能力。强化辅导员的主体意识，提高辅导员思想政治"教育者"或"引领者"主体地位，有利于辅导员明确自身工作重心，更有助于培养大学生价值观世界观。

辅导员必须为自己的日常生活注入新的意义，认识自我存在的价值，赋予自己以真正的主体角色。

用自身的道德判断、道德自觉、道德整合与自我发展推进道德人格的自我完善。

要实施自我筹划，心志的自我锤炼，工作的自我创造与拓展，提升自己的进取意识、责任感和自我效能感。

坚持"四个自信"，明确"四个认识"，筑牢迎接挑战的思想理论根基。

辅导员的职业认同是提升职业能力的首要前提。职业情感是构建职业认同重要因素，学生的认同和信任以及高校的重视都是形成辅导员职业情感的积极的情感来源。一方面，辅导员作为大学生的引路人和服务者，只有端正职业态度，与学生建立良好的情感，以情感正态度，以情感促道德，才能得到学生的认同和信任。另一方面，辅导员作为高校思想政治教育的骨干理论，辅导员自身要认识到辅导员职业的使命和责任，整合职业信念和职业标准，明确职业目标，提升自身的职业能力，满足社会、高校、学生对于辅导员的能力需求，克服能力提升障碍提供精神动力，实现自身价值，才能够得到高校的重视。

（1）树立崇高的职业理想，增强自主成长的意识，激发自身专业成长的内在动力。

（2）充分利用学校和国家提供的平台与资源提升职业能力。

（3）积极参加各项职业能力培训，做得不迟到早退，培训前认真准备，培训时专心学习，培训后总结实践。

踊跃报名辅导员职业能力大赛，借平台与同行交流切磋，学他人之长，补自身之短。

让自己成为学习的主动者，不断更新、丰富、完善自己的专业知识，提升自己的专业水平和职业能力，从而不断提高自身的职业价值。

最后，辅导员坚持立德树人的根本任务，树立高尚的人格魅力，做到敬业爱生，热爱教育事业，在纷繁复杂的工作中不忘"主业"，种好思想政治教育的"责任田"。要认同职业存在的价值和意义，用心润人，以"学生"为中心，用爱心、细心和耐心引导和服务学生。情系学生成长，公平对待学生，尊重学生的个性、潜能、尊严和价值，帮助大学生形成高尚的道德品质、独立健全的人格、积极向上的心态。

2. 加强理论学习，增强政治素养

新时代我国各个领域都呈现出变化，多元的社会思潮暗流涌动，意识形态领域斗争严峻，种种不良观念涌涌而至，深刻影响大学生的思想脉搏。辅导员作为开展大学生思想政治教育的骨干力量，必须具备较高的思想政治素质，才能真正实现"学高为师，身正为范"。高校辅导员应不断加强理论知识的学习和更新，了解和掌握当今世界和国家发展的大格局和大趋势，提高自身政治素养，这既是时代的要求、又是学生健康发展的呼唤。

（1）提升新时代教育者感召力

辅导员要时刻牢记习总书记提出的"着力增强思想政治教育的时代性和感召力"的精神，立足实际，秉承与时俱进的精神，主动把握时代新要求和新使命，勇立时代潮头，切实增强自身的新时代感召力，教育引导大大学生主动适应社会和新时代的发展要求，为大学生筑牢思想防线，把思想政治教育提升到用习近平新时代中国特色社会主义思想武装大学生的战略高度，正确理解新的矛盾转化，鼓励大学生担当起"强国一代"的时代新人。

（2）深入学习贯彻习近平总书记系列重要讲话精神

学而信、学而用、学而行，习近平总书记强调，理论上清醒，政治上才能坚定。辅导员要紧扣"培养担当民族复兴大任的时代新人"使命，不断提升自己的理论修养和思想水平，强化自身的政治意识、责任意识、阵地意识和底线意识，与新时代同频共振。牢牢把握马克思主义这根准绳，着重学透、学深、学实贯穿其中的马克思主义立场、方法，自觉践行社会主义核心价值观，成为一名有信念、有理想、讲大局、能作为的思政工作者。努力站在立德树人的大视角下去思考、谋划自己的本职工作，奋发有为，探索出在新形势下大学生思想政治教育的思路和举措，只有这样才能培育大学生时代精神，引导学生成为担当民族复兴大任的时代新人。

（3）提高政治责任感和敏感性

高校不是封闭的孤岛，而是各种观念和思潮激烈碰撞的角力场，是意识形态导向鲜明的阵地堡垒，是敌对势力利用宗教和邪教进行渗透的重点地区。辅导员必须提高政治责任感和敏感性，坚持用社会主义核心价值观教育引导学生，帮助学生把牢人生的"总开关"，扣好人生第一粒扣子，把社会主义核心价值观内化于心、外化于行，做社会主义核心价值观的坚定信仰者、积极传播者、模范践行者。

（4）坚定政治立场，不断加强自身的理论修养

辅导员自身要保持坚定的政治立场，在大是大非面前要有鲜明的政治态度，坚持共产主义理想信念，培养学生的爱国情怀，不断加强自身的理论修养，透过现象抓住本质，做到"以理服人"，只要心中有"理"，方能说服学生、启迪学生。将理论应用于实践，运用"春风化雨，润物无声"的教育艺术方式开展实践活动、文化活动，主题教育和纪念日教育，将思想政治教育渗透到相关实践教育中去，避免教育空泛化和教条化。

3. 创新工作方法，明确职业规划

良好的职业生涯规划，不仅有利于辅导员提高工作水平增强职业能力，还能促进个人职业的长久发展。习近平总书记说："创新是引领发展的第一动力"，随着社会的发展和时代的进步，当代大学生思想观念和行为方式等也随之变化，辅导员更应该深刻了解和把握时代发展，拓宽工作视野，发挥主观能动性，探索工作新规律，弘扬改革创新精神，创新工作方法，使辅导员工作接地气、入人心。

（1）创新工作方法

辅导员创新工作方法要把握两个方面的内容，一是要改变旧的观念从过去被动服从的态度转变为主动积极的态度；二是加强学习，不断提高自身的职业技能。从以下四个方面坚持与时俱进，创新工作方法，把握教书育人规律、提高教

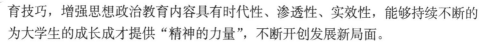

育技巧，增强思想政治教育内容具有时代性、渗透性、实效性，能够持续不断的为大学生的成长成才提供"精神的力量"，不断开创发展新局面。

①不断创新工作方法，科学开展工作，避免机械的"低水平重复建设"；

②树立终身学习、勇于创新的精神，坚持与时俱进，不断完善目标；

③紧跟时代步伐，以发展的眼光审视工作中存在的问题，不断地进行自我学习；

④增强创新本领，提高自身知识储备，包括在专业知识、语言沟通、信息处理、就业能力指导等各方面的素质。

（2）明确职业规划

当前，辅导员职业发展中存在着动力不足、角色不清、任务繁重、认同感低等问题，这些问题阻碍了辅导员自身职业发展的道路。良好的职业认知是辅导员自身精神满足的强大来源和实现人生价值的重要途径。辅导员必须明确自己的职业发展目标，分析出自身所缺失的职业能力要素，进而不断通过自己或学校等方面的培养，全面提升自己的职业能力水平。依据著名职业生涯规划专家霍尔教授的理论，将辅导员应该开发和掌握的职业能力概括为以下四个方面：

知道是什么——了解学生工作对辅导员的素质能力要求，以及从事这个职业所面临的机遇和挑战。

知道为什么——了解自己的兴趣、性格以及所追求的职业生涯的动机和意义。

知道在哪里——了解辅导员职业的进入、培训和提升的位置和边界，以及自己现在所处的位置和今后的发展方向。

知道是谁——了解自己周围的人，以及如何构建有利于自我职业发展的人际关系。

A. 确立志向

著名教育学家凯洛夫曾说，"感情有着极大的鼓舞力量，因此，它是一切道德行为的重要前提，谁要是没有强烈的志向，也就不能够热烈地把这个志向体现于事业中。"志向是人生的起跑点，事业成功的基本前提。

B. 自我评估

辅导员要从个人的能力、兴趣、专业背景、职业发展等多个维度全面客观地进行自我认知分析和评估自身的能力倾向。并结合学生、同事和领导的外部评价，对自己进行合理的职业定位。

（3）明确职业目标

学生工作包含思想政治教育、党团和班级建设、学业指导能力、日常事务管理、心理健康教育和职业规划与就业指导等九个方面，在科学客观的自我分析的基础上，根据对外部环境的分析，结合自身在实际工作过程中的经验，明确职业发展方向，储备相应的宽口径知识，充分锻炼各发展层级阶段的能力发展，扬长避短全面提升自身的职业能力。

（4）践行行动方案

通过筛选，找到合适的职业发展路径，并落实达到目标的措施，包括职业实践、专业训练等。在评估反馈的基础上，不断调整职业偏差，促进职业目标的达成。

4. 充实专业知识，锤炼专业技能

打铁还需自身硬，辅导员工作体现了全面性和专业性的特点，要求辅导员要不断巩固专业基础知识，学习专业知识，锻炼工作技能，掌握最新的教育管理理念和方法。高校辅导员的专业知识能力包含哲学、社会学、政治学、心理学、教育学、管理学和法学等多种学科知识，但并非各学科知识的简单堆砌。辅导员要提升自身专业知识能力，就要充分发挥主观能动性，将上述各学科知识有机加工，去粗取精、去伪存真、由表及里、由此及彼地形成涵盖学生思想政治教育、成长发展指导和日常事务管理等各方面知识在内的有机系统。因此，高校辅导员要积极利用当前队伍建设中专业学科发展的有利时机，尽早选定专攻方向，针对某一领域进行系统、深入地研究，将一门知识学精，争做术业有专攻的专家型辅导员。

学习管理学知识。高校辅导员面对的是思维活跃、情绪高涨、易于接受新鲜事物的当代大学生，要想管理好这样的群体，学习一些常用的管理学知识是必不可少的。辅导员往往管理若干班级，管理人数多，层次差别大，要想有效的发挥组织的作用，做到科学管理、人性化管理，更需要辅导员具备管理知识，懂得管理的艺术。

学习心理学知识。辅导员是学生心理健康的第一道防线，掌握学生心理动态、了解学生心理变化、感触学生内心世界、贴近学生真实生活的人。辅导员必须学习心理学的知识才能充分发挥他们的有利地位，对学生进行先期心理健康教育。

学习其他方面知识。在实际工作中，辅导员还要学习学生事务管理、计算机与网络、形势与政策等方面的相关知识，熟悉国家和学校的贷款政策、家庭经济困难学生资助政策、组织发展程序等政策、规定，具备观察、分析和判断能力，组织协调能力，个别谈话和谈心的能力，口头和书面表达能力，发现、培养和使用人才的能力，总结工作的能力。

辅导员作为大学生思想政治教育的骨干力量，要以马克思主义中国化的最新理论成果武装自己，增强自身的理论素养，在理论结合实际的基础上树立科学的育人理念。此外，作为学生成长成才的引路人，辅导员也要全面的充实自身的学

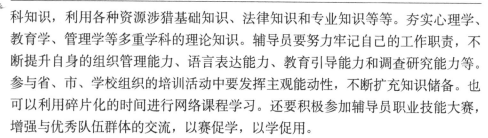

科知识，利用各种资源涉猎基础知识、法律知识和专业知识等等。夯实心理学、教育学、管理学等多重学科的理论知识。辅导员要努力牢记自己的工作职责，不断提升自身的组织管理能力、语言表达能力、教育引导能力和调查研究能力等。参与省、市、学校组织的培训活动中要发挥主观能动性，不断扩充知识储备。也可以利用碎片化的时间进行网络课程学习。还要积极参加辅导员职业技能大赛，增强与优秀队伍群体的交流，以赛促学，以学促用。

5. 加强沟通交流，提升工作效率

辅导员不仅要积极参加各个层面、各个范围内的工作论坛、沙龙、论文评选等交流活动，与其他机关工作者与一线辅导员进行广泛深入的经验交流和思想碰撞，通过与其他辅导员之间的沟通交流，共同探讨相关工作，总结管理问题和经验，营造良好的学习氛围和环境。

其次，辅导员要抓住前往国内乃至国际间的辅导员岗位交换活动，以及跨校乃至跨国进行学生工作短期考察的工作活动，尝试在不同高校间、不同岗位间进行实践锻炼，对整个高校辅导员职业形成更加深刻、系统和直观的认识，明确客观现实需求，有的放矢地使自身职业能力获得提升。

同时，要积极利用高校与地方干部交流机会，参与地方挂职锻炼，密切接触社会，从而在社会实践中增长见识，拓宽思路，增加才干，提升自身职业能力。

最后，辅导员要提高工作统筹能力，合理分配时间。通过记录工作日志，总结日常工作中的规律，提高工作统筹能力和个体归纳总结能力，根据工作任务的轻重缓急，进行合理的工作安排，提高时间利用率。

6. 对接时代发展，拓宽工作平台

在人工智能、大数据、互联网、物联网等新兴技术的作用下，教育的生态正在呈现新的变革，辅导员要充分考虑时代特点基础上进行系统的能力架构。辅导员既要加强信息技术素养的升级换代，也要适应新的大平台、大数据、"互联网＋政务服务"、"互联网＋教育"下的形势变化，组建新的工作共同体、学术共同体，开展互动式学习与研究，就共同关心的课题，开展加强专业能力提高的对话，交流意见，进行思维碰撞，共享知识与经验，共享体会和工作乐趣。

（1）网络平台和现代技术手段是高校辅导员能力提升的重要依托

辅导员要充分利用网络平台，收集和整理教育新资源信息，实现更大范围的信息交流，从丰富的教育资源中发现和体会教育的内在规律，明确自身的优势和不足，从而更好地规划职业发展前景，优化自身的能力结构。

（2）持续的反思和改进是高校辅导员职业能力提升的基本策略

互联网、大数据、人工智能的加速发展，改变着教育生态，推动着信息传播方式、学习方式、管理方式、教学方式的变革。辅导员应专注于自身的日常教育活动，从宽广的信息交流和丰富的实践活动中及时捕捉反馈信息，实施教育教学理念的更新，教育教学丰富的创新，不断修正能力的结构，丰富能力的内涵，从而实现能力的持续提高。

（3）充分利用信息化业务交流与提高平台

利用"互联网＋"教育、"互联网＋"思维，"互联网＋"新媒体技术、朋辈辅导机制，创造性地开展辅导员工作，通过"互联网＋"新思维驱动，充分利用网络育人平台，搭建新媒体云平台，强化网络育人实践探索，将思政教育嵌入生活微时间，加强"第三课堂"的引导与管理，构建起"教师引导、朋辈引领、知行合一"的网络思想政治教育工作新机制。

7. 注重自我成长，提高思想引领

随着社会的发展和高校的扩招，学生问题逐渐呈现出复杂化发展，新情况、新问题层见叠出给高校思想政治教育工作带来了困扰，受自身专业能力水平的限制，辅导员面对一些深层次的问题显得"力不从心"，导致思想政治教育工作效果欠佳。由此看来，辅导员应意识到，只有通过学习，将自身专业成长到一个较高的水平，才能更好的解决工作中面临的问题，才能避免陷入不知而盲的尴尬境遇，更好地为学生服务。"与其临渊羡鱼，不如退而结网"，辅导员不能只依赖于外部工作条件的改变，而忽视个体的主观能动性的作用，以逸待劳，而是要主动出击，辅导员应做到以下几点：

（1）树立自我发展意识

把个人的兴趣爱好、成长发展目标与组织目标相结合，把实现理想的热情充分投入到学生教育和管理中去。把学习当做一种追求，坚持主动学习、终身学习、愉快学习，把握住国家、学校提供的能够促进专业成长和发展的机会，正确认识自我，不断完善自我，以实现自我价值。

（2）努力勤奋钻研

课堂教学是辅导员开展工作的最主要方式，扎实的专业知识是教师的基本修养，唯有"满腹诗书"才能胸有成竹地讲授知识。辅导员要主动查阅相关资料，走在学科前沿，更新自己的知识库，以便做好教案，更好地向学生讲授知识。梅花香自苦寒来，只有辅导员自身坚持学习，刻苦钻研，才能做到"腹有诗书气自华"，将所学知识以恰当的手段传授给学生。

（3）坚持终身学习

当前社会，信息技术在进步，社会环境在变换，世界日新月异，很多事物都在不断更新，职业能力是一个发展的动态范畴，辅导员要意识到自身是专业化发展的主体，要有坚定职业化发展的内在动力，必须具有坚定的专业发展的意识性和自觉性，通过树立终身学习的理念，在工作的过程中不断调动提升个人能力的积极性，主动迎接时代变化对其职业能力提出的新要求，适应工作的持续更新性和永久学习性。

只有积极自主地学习新技能，不断地更新个人知识结构，才能"宠辱不惊，以不变应万变"，在开展工作时处于主动地位，保证工作的质量与效率。一是对比高校辅导员职业能力结构模型，查找反思不足，从而明确自身学习和努力的方向，形成深厚的专业积淀、精准培养和发展自身的专项能力，努力保持职业能力的发展性。二是根据时代发展以及实际工作的需要，通过在职攻读思想政治教育专业硕博士学位与时俱进地巩固完善自身专业知识体系，不断适应新时代教育环境和大学生特点的变化。

参考文献

[1] 艾楚君，陈 佳 . 论高校辅导员的职业素养及提升路径——基于 112 名全国高校辅导员年度人物先进事迹的文本分析 [J]. 学校党建与思想教育，2020 年（9）.

[2] 柏路 . 关于提升辅导员科研能力的思考 [J]. 思想教育研究，2012（10）.

[3] 蔡国春 . 美国高校学生事务管理专业化的发展及其特征 [J]. 扬州大学学报（高教研究版）。2002.

[4] 陈华，江鸿波 . 基于"知识—能力—素质"三要素的辅导员职业准入标准研究 [J]. 思想教育研究，2013（8）.

[5] 第二届全国高校辅导员职业能力大赛在我省成功举办 [EB/OL]. 湖北省教育厅网站，2013-06-19.

[6] 邓雪 . 创业型大学视角下高校辅导员素质能力提升研究 [J]. 嘉兴学院学报 2015，27（2）：142-145.

[7] 高玖伟 . 论高校辅导员职业化进程中的职业能力开发 [J]. 学校党建与思想教育》，2009.

[8] 韩冬等 . 高校辅导员职业能力的形成与提升 [J]. 思想理论教育导刊，2011（11）.

[9] 韩晶晶，曹一鸣 . 从经验化到专业化：高校辅导员专业化发展研究 [J]. 中国成人教育，2020（14）：44-47.

[10] 何萌 . 高校辅导员核心能力建设问题研究 [D]. 济南：山东大学，2016

[11] 黄晓波 . 学生工作专业化系统与辅导员核心能力构建 [M]. 北京：北京师范大学出版社，2010.

[12] 何照清，李凤啸 . 高校辅导员素质能力提升的内生动力研究——基于浙江省高校辅导员素质能力大赛一等奖获奖者的调查 [J]. 学校党建与思想教育，2020（9）.

[13] 孔祥慧 . 试论高校辅导员素质提升面临的挑战与基本对策 [J]. 思想教育研究，2016（10）：108-111.

[14] 梁广东 . 高校辅导员职业价值观培育研究 [J]. 教育理论与实践，2017（30）.

[15] 罗国杰 . 理想信念与"三观"建设 [M]. 北京：中共中央党校出版社，2000：1.

[16] 李海健 . 新时代背景下高校辅导员专业化建设路径 [J]. 教育观察，2020，（22）：8-10.

[17] 刘金华 . 高校辅导员职业能力结构分析 [J]。高校辅导员，2010（3）.

[18] 林锦铌 . 高校辅导员职业化素质能力提升策略研究——以辅导员队伍传承性为视角 [J]. 福建师大福清分校学报，2014（3）：51-54.

[19] 李建伟 . 高校辅导员职业能力的结构与培养路径探索 [J]. 河北大学成人教育学院学报，2015（4）.

[20] 李佳熙 . 高校辅导员队伍素质能力提升路径探索——以曲建武教授先进事迹为例 [J]. 办公室业务，2021（20）：92-93.

[21] 李莉等 . 论高校辅导员的职业能力及其知识基础 [J]. 西南交通大学学报（社会科学版），2014（4）.

[22] 刘明亮 . 高校辅导员应具备的素质与提高路径 [J]. 教育探索，2012（8）.

[23] 林强，李航 . 高校辅导员素质能力培育机制研究——基于福建省各高校辅导员的问卷调查研究 [J]. 读与写（教育教学刊），2016，13（8）：55-56.

[24] 李伟东 . 论高校辅导员能力发展的价值定位、结构及其优化 [J]. 思想理论教育导刊，2010（3）.

[25] 罗维婷 . 高校辅导员素质能力提升的有效路径 [J]. 新课程研究，2021（26）：97-98.

[26] 刘越佳 . 关于高校辅导员自主提升素质能力的思考 [J]. 文学教育（下），2020（8）.

[27] 李永山 . 论高校辅导员学业指导能力标准的完善——基于《高等学校辅导员职业能力标准（暂行）》的分析 [J]. 思想教育研究，2016（10）.

[28] 李忠军 . 以职业能力建设为核心推动高校辅导员队伍专业化发展 [J]. 思想理论教育，2014（2）.

[29] 马克思，恩格斯 . 马克思恩格斯选集，第 1 卷 [M]. 北京：人民出版社，1995.

[30]（美）温斯顿 . 学生事务管理者专业化论 [M]. 储祖旺，胡志红，等，译 0 北京：科学出版社，2010.

[31] 马英，洪晓楠 . 高校辅导员职业价值观的实证研究 [J]. 大连理工大学学报（社会科学版），2015（2）.

[32] 潘红，唐锋 . 从素质能力大赛谈高校辅导员专业化培养 [J]. 经济研究导刊，2022（10）：136-138.

[33] 蒲清平，等 . 高校辅导员职业能力评价研究 [J]. 高教发展与评估，2011（4）.

[34] 邵艾群 . 英国职业核心能力开发研究述评 [J]. 教育学术月刊，2010（2）：94-96.

[35] 盛春 . 新时代高校辅导员队伍专业化建设路径探析 [J]. 江苏高教，2020（12）.

[36] 邵超强 . 高校辅导员利用校园文化提升学生素质的有效途径 [J]. 科学咨询（教育科研），2020（6）.

[37] 苏文明等 . 高校辅导员职业核心竞争力研究 [J]. 教育评论，2014（10）.

[38] 王娟娟，陈刚，王伟 . "时代楷模"曲建武辅导员工作"十字谈"[J]. 高校辅导员，2019（5）.

[39] 王琴琴 . 以辅导员职业能力大赛为契机推进高校辅导员队伍建设 [J]. 魅力中国，2016（45）.

[40] 翁铁慧 . 高校辅导员队伍建设论纲 [M]. 北京：人民出版社，2014

[41] 王显芳，任雅才，亓振华 . 新时代高辅导员队伍专业化发展的理论逻辑和现实路径 [J]. 思想教育研究，2019（04）.

[42] 翁铁慧 . 高校辅导员职业生涯规划 [M]. 北京：高等教育出版社，2011.

[43] 习近平 . 决胜全面小康建设夺取新时代中国特色社会主义伟大胜利 [M]. 北京：人民出版社，2017.

[44] 习近平 . 在全国高校思想政治工作会议上强调把思想政治工作贯穿教育教学全过程 [N]. 人民日报，2016-12-09（1）.

[45] 习近平：把思想政治工作贯穿教育教学全过程开创我国高等教育事业发展新局面 [N]. 人民日报，2016-12-09（001）.

[46] 习近平：坚持中国特色社会主义教育发展道路培养德智体美劳全面发展的社会主义建设者和接班人 [N]. 人民日报，2018-09-11（001）.

[47] 刘洋，董卓宁 . 高校辅导员微信公众号传播效果的影响因素研究 [J]. 思想教育研究，2020（11）.

[48] 习近平 . 坚持中国特色社会主义教育发展道路培养德智体美劳全面发展的社会主义建设者和接班人 [N]. 人民日报，2018-9-11（001）.

[49] 习近平 . 青年要自觉践行社会主义核心价值观 [M]. 北京：人民出版社，2014：9.

[50] 许佳跃 . 基于 ROST 文本挖掘的高校辅导员素质能力提升探析 [J]. 福州大学学报（哲学社会科学版），2022，36（01）：128-133.

[51] 徐朔：《"关键能力"培养理念在德国的起源和发展》，《外国教育研究》2006.

[52] 肖述剑 . 高校辅导员职业认同的内在机理探析 [J]. 思想政治教育研究，2019

（02）.

[53] 郑柏松：《高职院校辅导员职业能力的构成与提升策略》，《中国成人教育》，2014.

[54] 中共中央国务院关于进一步加强和改进大学生思想政治教育的意见 [Z].2004-10-15.

[55] 张莉等.高校辅导员职业能力提升与专业化发展研究 [J].思想理论教育导刊，2015（8）.

[56] 张莉，李美清.高校辅导员队伍职业化建设的问题与对策 [J].思想理论教育导刊，2018（01）.

[57] 张曼.新时代高校辅导员的素质能力基本构成及提升路径探究 [J].长江丛刊，2020（13）.

[58] 周涛.辅导员核心职业能力建设探析 [J].思想政治教育研究，2014（6）.

[59] 郑婷婷.高职院校辅导员素质能力的应然范式、实然样态和使然路径——基于辅导员工作室的探索与实践 [J].高等职业教育（天津职业大学学报），2021，30（04）：39-43.

[60] 赵文华，易高峰.企业型大学发展模式研究——基于研究型大学模式创新的视角 [J].高教探索，2011（2）：19-22.

[61] 朱正昌.高校辅导员队伍建设论纲 [M].北京：人民出版社，2010.

[62] 彭聃龄.普通心理学.北京：北京师范大学出版集团，2003：329-330.

[63] 叶浩生.西方心理学的历史与体系.北京：人民教育出版社，1998：564-565.

[64] 郑奕：博物馆强化"观众服务"能力的路径探析 . 中共中央党校.2021-05-18[引用日期 2022-05-16].